équipe

4

livre de l'étudiant

HAVELOCK SCHOOL

Danièle Bourdais
Sue Finnie
Anna Lise Gordon

OXFORD

OXFORD
UNIVERSITY PRESS

Great Clarendon Street, Oxford OX2 6DP

Oxford New York

Athens Auckland Bangkok Bogotá Buenos Aires
Calcutta Cape Town Chennai Dar es Salaam
Delhi Florence Hong Kong Istanbul Karachi
Kuala Lumpur Madrid Melbourne Mexico City
Mumbai Nairobi Paris São Paulo Singapore
Taipei Tokyo Toronto Warsaw

with associated companies in
Berlin Ibadan

Oxford is a trade mark of Oxford University Press
in the UK and in certain other countries

© Danièle Bourdais, Sue Finnie, Anna Lise Gordon 2000
Reprinted 2000

ISBN 0 19 912262 8

Acknowledgements

Main cover image is by Corbis Images/James Davis
Inset is by Martin Sookias

The publishers would like to thank the following for
permission to reproduce photographs: Ace Photo Agency:
p 175 (top left), 177 (top); AFP/Georges Gobet: p 9 (middle
right); Aquaboulevard, Paris: p 84 (top right); Danièle
Bourdais: pp 64 (bottom), 65 (top left), 133 (bottom left);
Dick Capel Davies: pp 8 (top right), 23 A (top left, top right,
bottom right) B (top left, top right, bottom left), 51(bottom
right), 58 (middle bottom), 80 (middle right), 84 (bottom
middle), 140 (right), 142 (bottom right), 144 (inset), 148
(top left, top right both, bottom right); Collections/Anthea
Sieveking: p 116; Corbis UK Ltd/AFP: p 9 (top left); Corbis
UK Ltd/Paul Almasy: p 49 (top); Corbis UK Ltd/Tony
Arruza: p 109; Corbis UK Ltd/Morton Beebe: p 55 (right);
Corbis Uk Ltd/Yann Arthus-Bertrande: p 58 (top left);
Corbis UK Ltd/Michael Bussells: p 136 (bottom); Corbis UK
Ltd/Richard Cummins: p 118 (left); Corbis UK Ltd/Bernard
& Catherine Desjeux: p 54 (bottom); Corbis UK Ltd/ Nicole
Duplaix: p 9 (bottom left); Corbis UK Ltd/Ecoscene/Chinch
Gryniewicz: p 35; Corbis UK Ltd/Franz-Marc Frei: p 178
(left); Corbis UK Ltd/Dave G Hauser: p 118 (right); Corbis
UK Ltd/Chris Hellier: p 124 (main); Corbis UK Ltd/Robert
Holmes: pp 82, 84 (top middle), 186; Corbis UK Ltd/Angela
Hornak: p 134 (top middle); Corbis UK Ltd/Lyn Hughes: p 9
(top right); Corbis UK Ltd/Charles & Josette Lenars: p 60
(right); Corbis UK Ltd/Wolfgang Kaehler: p 132 (left);
Corbis UK Ltd/Kurt Krieger: p 182Corbis UK Ltd/Christian
Sarramon: p 176 (left); Corbis UK Ltd/Paul A Sounders: p
110; Corbis UK Ltd/Jim Sugar: p 86 (bottom left); Corbis UK
Ltd/Liba Taylor: p 90; Corbis UK Ltd/Travel Ink/Derek M
Allen: p 54 (top); Corbis UK Ltd/Travel Ink/Abbie Enock: p
60 (middle); Corbis UK Ltd/Viennaslide Photoagency: p

146 (main); Corbis UK Ltd/Nik Wheeler: p 132 (right);
Corbis UK Ltd/Adam Woolfitt: p 130 (bottom); Corel
Professional Photos: pp 23 B(bottom right), 84 (bottom
right), 86 (top right), 176 (right), 183, 185; Jim Finnie: p 84
(bottom left); The Image Bank: p 43 (right); Imagesource: p
114 (bottom left); Lodestone Publishing: pp 51 (top left &
middle right), 80 (bottom right & middle left), 98 (main),
134 (bottom), 144 (left), 173; Moviestore: p 71; Oxford
University Press: pp 11, 54, 92, 93 (bottom), 112, 114 (top
left & right, bottom right), 156, 177 (inset), 181; Pictor
International Ltd: pp 45, 46 (bottom), 96, 124 (inset), 174
(left); Photodisc: p 103; Rex Features: 175 (bottom left);
Philip Sauvain: pp 8 (bottom right), 50 (middle left), 133
(top right); Rachel Sauvain: p 158; David Simson: pp 6(top),
8 (middle & bottom left), 9 (bottom right), 17, 33 (left), 50
(middle right & right), 51 (right), 55 (left), 58 (top middle &
right) (bottom left & bottom right), 69, 80 (top left, top
middle, top right, bottom left & bottom middle), 91, 95,
127, 133 (top inset), 170, 175 (top right); TF1: p 16.
All other photographs are by Martin Sookias

The illustrations are by Martin Aston, Kathy Baxendale,
Michel-Marie Bougard, Matt Buckley, Phillip Burrows,
Stefan Chabluk, Karen Donnelly, Clive Goodyer, Tim
Kahane, Mike Miller, Oxford Designers and Illustrators,
Tony Simpson, Tim Slade, Judy Stevens, Jane Strother and
Martin Ursell

The authors would like to thank the following people for
their help and advice: Julie Green (course coordinator),
Anne O'Reilly (course consultant), Marie-Thérèse Bougard
(language consultant), David Buckland, M. et Mme
Bourdais; Katie and David Green

The publishers and authors would also like to thank
Camaïeu, Boulogne; Giuseppe Russo, Cinéma Les Arcades,
Boulogne; The Cotswold Lodge Hotel, Oxford; The Hinckley
Times; Lycée Haffreingue Chanlaire, Boulogne; Lycée
Mariette, Boulogne; Nuffield Orthopaedic Centre, Oxford;
Francis Regnier, SNCF, Boulogne and also Ebony Escalona,
Chris Foster, Patrick Harris, Steve Jordan, Antony Lees, Zoe
and Helle Thomas.

A catalogue record for this book is available from the
British Library.

Printed in Spain by Graficas Estella SA

Bienvenue!

Symbols and headings you'll find in this book: what do they mean?

🔊 listen to the cassette with this activity

S🔊 this recording is also on the *Équipe en solo* cassette

👥 work with a partner

👤👥 work in a group

📖 use a dictionary for this activity

Zoom grammaire:
an explanation and practice of an important aspect of French grammar

212 refer to this page in the grammar section at the back of the book

En plus ... something extra to do, to extend what you have learned

🔊 Micro-trottoir extra listening practice

Expressions-clés
useful expressions

Conversation-clé
a model conversation that provides essential role-play practice

Guide pratique
practical ideas to help you learn more effectively

Guide examen
tips and practice activities to help you prepare for the exam

colour-coded objectives to be covered on these pages:
- key language
- grammar
- language learning skills

See also *Encore!* extra activities, to back up what you have learned on these pages

See also *En plus ...* extra activities, to extend what you have learned on these pages

Revise!
tips on what section to revise to help you do this activity

Pause lecture
extra reading practice

Révisions
revision activities after every block of four units

Révisez tout
revision practice for the whole book

Ça se dit comme ça!
pronunciation practice

Table des matières

Copains, copines

🔊 C'est le mois d'août dans un camp de vacances à Sospel, dans le sud de la France. Des jeunes sont venus des quatre coins de France. C'est ici que Léo, Julien, Sophie et Nabila se rencontrent … et c'est le début d'une grande amitié!

Départ

C'est la fin des vacances. Il faut partir. C'est triste!
Les quatre amis décident de rester en contact.

On se retrouve aussi pour des week-ends, promis?

Oui, super idée! A bientôt!

On s'écrit, d'accord?

Et on se téléphone!

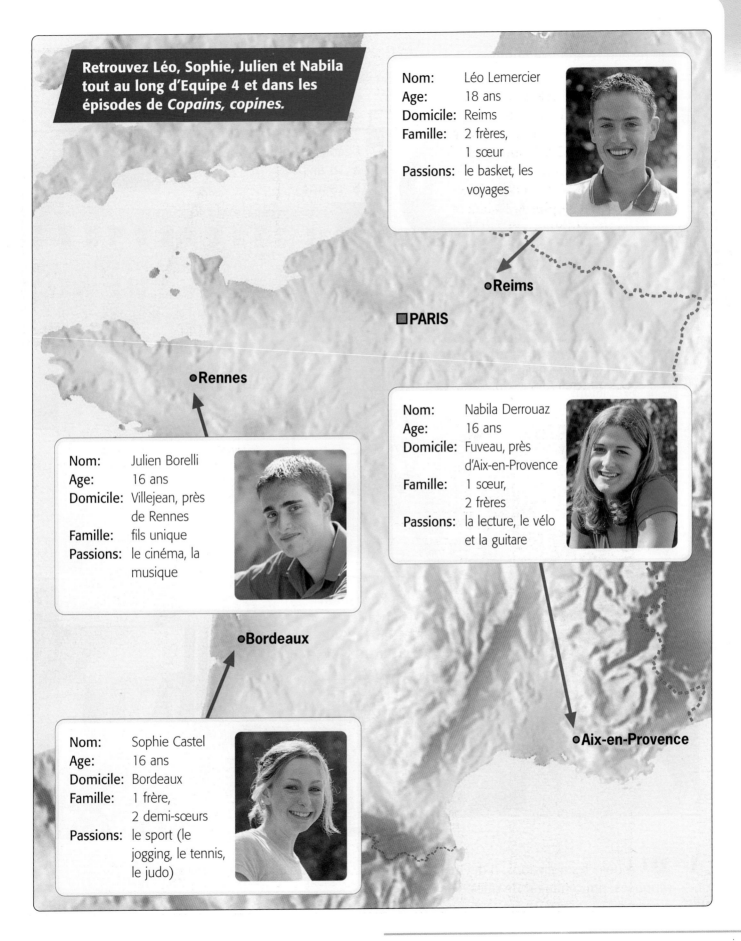

Retrouvez Léo, Sophie, Julien et Nabila tout au long d'Equipe 4 et dans les épisodes de *Copains, copines.*

Nom: Léo Lemercier
Age: 18 ans
Domicile: Reims
Famille: 2 frères, 1 sœur
Passions: le basket, les voyages

⦿**Reims**

▢**PARIS**

⦿**Rennes**

Nom: Julien Borelli
Age: 16 ans
Domicile: Villejean, près de Rennes
Famille: fils unique
Passions: le cinéma, la musique

Nom: Nabila Derrouaz
Age: 16 ans
Domicile: Fuveau, près d'Aix-en-Provence
Famille: 1 sœur, 2 frères
Passions: la lecture, le vélo et la guitare

⦿**Bordeaux**

⦿**Aix-en-Provence**

Nom: Sophie Castel
Age: 16 ans
Domicile: Bordeaux
Famille: 1 frère, 2 demi-sœurs
Passions: le sport (le jogging, le tennis, le judo)

La France en chiffres

Numbers, page 217.

● recognize and use numbers

1 Les chiffres impairs:
a 1, 3, 5, 7, 9
b 2, 4, 6, 8, 10

2 L'école est obligatoire jusqu'à
a 16 ans
b 18 ans

COLLÈGE Ste ANNE

3 La population française:
a 34 millions
b 58 millions

4 La surface de la France:
a 41 300 km²
b 544 000 km²

PARIS

5 Le Français moyen:
a mesure 1,72 m et pèse 75 kg
b mesure 1,91 m et pèse 81 kg

6 La Révolution française:
a en 1789
b de 1939 à 1945

1 A pose les questions. B devine. Notez les réponses, puis changez de rôles. Vous êtes d'accord?

2 Ecoutez pour vérifier.

Le calendrier français

● days, months, seasons and dates

Days of the week, page 216. Months of the year, page 216. Dates, page 216.

1 Regardez le calendrier. Recopiez et complétez le nom des jours.
l...... m...... m...... j...... v...... s...... d......

2a Devinez. Qu'est-ce qui se passe …
 a le 21 mars?
 b le 21 juin?
 c le 23 septembre?
 d le 22 décembre?

2b Regardez le calendrier pour vérifier.

3a  Ecoutez. Notez la date et trouvez la fête.
Exemple 1 – le 1er janvier – Le Nouvel An

3b Ecoutez pour vérifier.

JANVIER	FÉVRIER	MARS	AVRIL	MAI	JUIN
☉ 7 h 45 à 16 h 03	☉ 7 h 23 à 16 h 46	☉ 6 h 35 à 17 h 32	☉ 5 h 31 à 18 h 19	☉ 4 h 33 à 19 h 04	☉ 3 h 54 à 19 h 43
1 V JOUR de l'AN	1 L S° Ella	1 L S° Aubin	1 S S. Hugues	1 S FÊTE du TRAVAIL	1 M S° Justin
2 S S. Basile	2 M Présentation	2 M S. Charles le B	2 V S° Sandrine	2 D S. Boris	2 M S° Blandine
3 D Épiphanie	3 M S. Blaise	3 M S. Guénolé	3 S S. Richard	3 L SS. Phil. Jacq	3 J S. Kévin
4 L S. Odilon	4 J S° Véronique	4 J S. Casimir	4 D PÂQUES	4 M S. Sylvain	4 V S° Clotilde
5 M S. Édouard	5 V S° Agathe	5 V S° Olive	5 L S° Irène	5 M S° Judith	5 S S. Igor
6 M S. Mélaine	6 S S. Gaston	6 S S° Colette	6 M S. Marcellin	6 J S° Prudence	6 D Fête-Dieu
7 J S. Raymond	7 D S° Eugénie	7 D S° Félicité	7 M S. J-Bapt. d l S	7 V S° Gisèle	7 L S. Gilbert
8 V S. Lucien	8 L S° Jacqueline	8 L S. Jean de D.	8 J S° Julie	8 S VICTOIRE 1945	8 M S. Médard
9 S S° Alix	9 M S° Apolline	9 M S° Françoise	9 V S° Gautier	9 D Fête Jeanne d'Arc	9 M S° Diane
10 D S. Guillaume	10 M S. Arnaud	10 M S. Vivien	10 S S. Fulbert	10 L S. Solange	10 J S. Landry
11 L S. Paulin	11 J N.-D. Lourdes	11 J S° Rosine	11 D S. Stanislas	11 M S° Estelle	11 V S. Barnabé
12 M S° Tatiana	12 V S. Félix	12 V S° Justine	12 L S. Jules	12 M S. Achille	12 S S. Guy
13 M S° Yvette	13 S S° Béatrice	13 S S. Rodrigue	13 M S° Ida	13 J ASCENSION	13 D S. Antoine de P
14 J S° Nina	14 D S. Valentin	14 D S° Mathilde	14 M S. Maxime	14 V S° Matthias	14 L S° Élisée
15 V S. Remi	15 L S. Claude	15 L S° Louise	15 J S° Paterne	15 S S° Denise	15 M S° Germaine
16 S S. Marcel	16 M Mardi-Gras	16 M S° Bénédicte	16 V S. Benoît-J.	16 D S. Honoré	16 M S. J.-F. Régis
17 D S° Roseline	17 M Cendres	17 M S. Patrice	17 S S. Anicet	17 L S. Pascal	17 J S. Hervé
18 L S° Prisca	18 J S° Bernadette	18 J S. Cyrille	18 D S. Parfait	18 M S. Éric	18 V S. Léonce
19 M S. Marius	19 V S. Gabin	19 V S. Joseph	19 L S° Emma	19 M S. Yves	19 S S. Romuald
20 M S. Sébastien	20 S S° Aimée	20 S S. Herbert	20 M S° Odette	20 J S. Bernardin	20 D Fête des Pères
21 J S° Agnès	21 D 1er Dim. Carême	21 D PRINTEMPS	21 M S. Anselme	21 V S. Constantin	21 L ÉTÉ
22 V S. Vincent	22 L S° Isabelle	22 L S° Léa	22 J S. Alexandre	22 S S. Émile	22 M S° Alban
23 S S. Barnard	23 M S° Lazare	23 M S. Victorien	23 V S. Georges	23 D PENTECÔTE	23 M S° Audrey
24 D S. Fr. de Sales	24 M S. Modeste	24 M S° Cath. Su.	24 S S. Fidèle	24 L S° Donatien	24 J S. Jean Bapt.
25 L Conv. S. Paul	25 J S. Roméo	25 J Annonciation	25 D Souv. Déportés	25 M S. Sophie	25 V S. Prosper
26 M S° Paule	26 V S. Nestor	26 V S° Larissa	26 L S° Alida	26 M S. Bérenger	26 S S. Anthelme
27 M S° Angèle	27 S S° Honorine	27 S S. Habib	27 M S° Zita	27 J S. Augustin	27 D S. Fernand
28 J S. Th. d'Aquin	28 D S. Romain	28 D Rameaux	28 M S° Valérie	28 V S. Germain	28 L S° Irénée
29 V S. Gildas		29 L S° Gwladys	29 J S° Cath. de Si.	29 S S. Aymard	29 M SS. Pierre, Paul
30 S S° Martine		30 M S. Amédée	30 V S. Robert	30 D Fête des Mères	30 M S. Martial
31 D S° Marcelle		31 M S. Benjamin		31 L Visitation	

JUILLET	AOÛT	SEPTEMBRE	OCTOBRE	NOVEMBRE	DÉCEMBRE
☉ 3 h 53 à 19 h 56	☉ 4 h 25 à 19 h 28	☉ 5 h 08 à 18 h 33	☉ 5 h 51 à 17 h 29	☉ 6 h 38 à 16 h 30	☉ 7 h 24 à 15 h 55
1 J S. Thierry	1 D S. Alphonse	1 M S. Gilles	1 V S° Th. de l'E.J.	1 L TOUSSAINT	1 M S° Florence
2 V S. Martinien	2 L S° Julien Ey.	2 J S° Ingrid	2 S S. Léger	2 M Défunts	2 J S° Viviane
3 S S. Thomas	3 M S° Lydie	3 V S. Grégoire	3 D S. Gérard	3 M S. Hubert	3 V S. Xavier
4 D S. Florent	4 M S. J.M. Vianney	4 S S° Rosalie	4 L S. Fr. d'Assise	4 J S. Charles	4 S S° Barbara
5 L S. Antoine	5 J S. Abel	5 D S° Raïssa	5 M S° Fleur	5 V S° Sylvie	5 D S. Gérald
6 M S° Mariette	6 V Transfiguration	6 L S. Bertrand	6 M S. Bruno	6 S S° Bertille	6 L S. Nicolas
7 M S. Raoul	7 S S. Gaétan	7 M S° Reine	7 J S. Serge	7 D S° Carine	7 M S. Ambroise
8 J S. Thibaut	8 D S. Dominique	8 M Nativité N.D.	8 V S° Pélagie	8 L S. Geoffroy	8 M Imm. Concept.
9 V S° Amandine	9 L S. Amour	9 J S. Alain	9 S S. Denis	9 M S. Théodore	9 J S. P. Fourier
10 S S. Ulrich	10 M S. Laurent	10 V S° Inès	10 D S. Ghislain	10 M S. Léon	10 V S. Romaric
11 D S. Benoît	11 M S° Claire	11 S S. Adelphe	11 L S. Firmin	11 J ARMISTICE 1918	11 S S. Daniel
12 L S. Olivier	12 J S° Clarisse	12 D S. Apollinaire	12 M S. Wilfried	12 V S. Christian	12 D S° Jeanne-F. C.
13 M S. Henri, Joël	13 V S. Hippolyte	13 L S. Aimé	13 M S. Géraud	13 S S. Brice	13 L S° Lucie
14 M FÊTE NATIONALE	14 S S. Évrard	14 M La S° Croix	14 J S. Juste	14 D S° Sidoine	14 M S° Odile
15 J S. Donald	15 D ASSOMPTION	15 M S. Roland	15 V S° Th. d'Avila	15 L S. Albert	15 M S. Ninon
16 V N.D. Mt-Carmel	16 L S. Armel	16 J S° Édith	16 S S° Edwige	16 M S° Marguerite	16 J S° Alice
17 S S° Charlotte	17 M S. Hyacinthe	17 V S. Renaud	17 D S. Baudouin	17 M S° Élisabeth	17 V S. Gaël
18 D S. Frédéric	18 M S° Hélène	18 S S° Nadège	18 L S. Luc	18 J S° Aude	18 S S. Gatien
19 L S. Arsène	19 J S. Jean Eudes	19 D S° Émilie	19 M S. René	19 V S. Tanguy	19 D S. Urbain
20 M S° Marina	20 V S. Bernard	20 L S. Davy	20 M S° Adeline	20 S S. Edmond	20 L S. Abraham
21 M S. Victor	21 S S. Christophe	21 M S. Matthieu	21 J S° Céline	21 D Christ Roi	21 M S. Pierre C.
22 J S° Marie-Mad.	22 D S. Fabrice	22 M S. Maurice	22 V S° Élodie	22 L S° Cécile	22 M HIVER
23 V S° Brigitte	23 L S° Rose de L.	23 J AUTOMNE	23 S S. Jean de C.	23 M S. Clément	23 J S. Armand
24 S S° Christine	24 M S. Barthélemy	24 V S° Thècle	24 D S. Florentin	24 M S° Flora	24 V S° Adèle
25 D S. Jacques	25 M S. Louis	25 S S. Hermann	25 L S. Crépin	25 J S° Catherine L.	25 S NOËL
26 L SS. Anne, Joach.	26 J S° Natacha	26 D SS. Côme, Dam.	26 M S. Dimitri	26 V S° Delphine	26 D S. Étienne
27 M S° Nathalie	27 V S° Monique	27 L S. Vinc. de Paul	27 M S° Émeline	27 S S. Séverin	27 L S. Jean
28 M S. Samson	28 S S. Augustin	28 M S. Venceslas	28 J SS. Sim., Jude	28 D Avent	28 M SS. Innocents
29 J S° Marthe	29 D S° Sabine	29 M S. Michel	29 V S. Narcisse	29 L S. Saturnin	29 M S. David
30 V S° Juliette	30 L S. Fiacre	30 J S. Jérôme	30 S S° Bienvenu	30 M S. André	30 J S. Roger
31 S Ignace de L.	31 M S. Aristide		31 D S. Quentin		31 V S. Sylvestre

4 Lisez les devinettes.

a Le Nouvel An

b La Saint-Valentin

c Poisson d'avril!

d la Fête du Travail

e la Fête Nationale

f Noël

Devinettes

● Qu'est-ce qui perd ses feuilles en automne, en été, en hiver et au printemps?

¡ɹǝıɹpuǝlɐɔ un∩

● Quand est-ce que mai vient après juin et juillet après août?

¡ǝɹıɐuuoıʇɔıp ǝl ʇıl uo puɐnꝹ

● Quel est le mois le plus court de l'année?

¡sǝɹʇʇǝl sıoɹʇ ɐ lı 'ıɐɯ ǝp sıoɯ ǝ˥

A l'heure de la Francophonie

● time and countries

Telling the time, page 216.

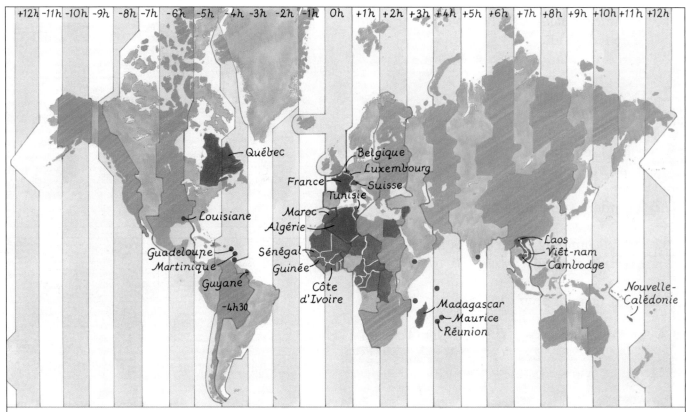

On parle français un peu partout dans le monde. C'est la langue d'environ 160 millions de personnes dans plus de 45 pays. Voici certains de ces pays.

1 Regardez la carte. S'il est midi à Londres, il est quelle heure …
Exemple   1 – Il est trois heures/quinze heures.
1 à Madagascar?
2 au Viêt-nam?
3 à la Guadeloupe et à la Martinique?
4 en Nouvelle-Calédonie?

2a Reliez les pendules à droite aux phrases.
Exemple   1 – d
a Il est dix-sept heures trente en Guyane.
b Il est dix-neuf heures quarante-cinq à Madagascar.
c Il est dix heures dix au Luxembourg.
d Il est trois heures quarante au Québec.

2b Quelle heure est-il à Londres dans chaque cas?
Exemple   a – Il est 21 h 30 (17 h 30 + 4h).

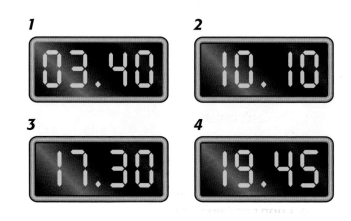

3 Vous êtes à Londres. A quelle heure allez-vous téléphoner pour appeler …
Exemple   a – à 0 h 30 (minuit et demi)
a à 18 h 30 en Louisiane?
b à 14 h 15 au Sénégal?
c à 20 h 45 en Nouvelle-Calédonie?

La rentrée des classes

● use classroom language

Rappel

Tu – *you (to a friend)*

Vous – *you (to an adult/several people)*

1a Reliez les bulles aux traductions.

Exemple 1 – a

a I've forgotten my book.

b Is there an accent on the 'e'?

c I haven't finished yet.

d What page is it on?

e How do you spell it, please?

f May I go to the toilet?

g Could you lend me a pen, please?

h I don't understand.

i When's the homework for?

j Could you repeat that, please?

1b Couvrez les bulles et regardez les traductions. Donnez les phrases en français.

1c 📼 Ecoutez pour vérifier. Répétez.

Ça se dit comme ça!

1a 📼 Ecoutez ces mots. Répétez le français.

crocodile rap **accident** Togo super

rare France attention restaurant

rock assistant **table** ambulance

place rose train **intelligent**

euros six Europe *prince* lion

Paris **formidable** orange

1b 🗣 A dit le mot en anglais. B dit le mot en français. Puis, changez de rôles.

Histoires de famille

- ask and give your name, address, age and birthday
- say and spell your name, street and town

Personnellement

a

Mlle DERROUAZ Nabila
52, chemin André
13710 FUVEAU

b

Léo Lemercier
63, rue Georges-Clemenceau
51100 Reims
France

c

M. Julien Borelli
Cité Émile-Zola, Appt. 12C
35300 Rennes

1 Ecoutez le rap et répétez l'alphabet.

2a Ecoutez. C'est quelle enveloppe?

2b Ecoutez. Qui reçoit chaque carte?
Exemple 1 – b

3 Ecoutez. Recopiez et complétez les noms.
- **a** Nathalie T ......
- **b** Clément ......
- **c** Kelly ......
- **d** Benjamin ......
- **e** Marine ......
- **f** Amar ......

L'ALPHABET EN FRANÇAIS

A B C D E F G H I J K L M
N O P Q R S T U V W X Y Z

presque comme en anglais: **F L M N O S Z**
avec le **é** de *thé*: **B C D G P T V**
avec le **a** de *pas*: **A H K**
avec le **i** de *si*: **I J X**
avec le **u** de *rue*: **Q U**
avec le **e** de *je*: **E**
R = *air*
W = *double V*
Y = *i grec*

ATTENTION! Ne confondez pas: *g* et *j*

4 👥 Regardez les enveloppes, page 12. **A** épelle deux adresses. **B** les note (livre fermé). Puis, changez de rôles.

5 📼 Micro-trottoir. Ecoutez les trois interviews. Notez le nom, l'âge et l'anniversaire de chaque personne.
Exemple *1 – Marc Cordero, 16 ans, 2 septembre*

6a 📼 Ecoutez et lisez la conversation entre Julien et Sophie (à droite).

6b 👥 Avec un(e) partenaire, jouez la conversation.

6c Adaptez la conversation. Donnez vos détails personnels.
Exemple *J'habite 67, Enderley Road, à Harrow.*

....

Rappel les questions

qui? – *who?*
où? – *where?*
quand? – *when?*
quel/quelle? – *what?*
comment? – *how?/what?*

■■■■■■■■■■■■■■■■■■■■■■■■■■■

Expressions-clés 📼

Tu t'appelles comment?
Je m'appelle *Sophie Castel.*

Ça s'écrit comment?
Ça s'écrit *C A S T E L.*

Tu as quel âge?
J'ai *seize* ans.

C'est quand, ton anniversaire?
Mon anniversaire, c'est le *25 février.*

Tu habites où?
J'habite *24, rue Pelleport, à Bordeaux.*

C'est la fin des vacances mais Julien et Sophie vont rester en contact.

Sophie: Tu veux mon adresse?
Julien: Oui, bien sûr! Tu habites où?
Sophie: J'habite 24, rue Pelleport …
Julien: Ça s'écrit comment?
Sophie: Pelleport, c'est P E deux L E P O R T.
Julien: Et la ville?
Sophie: Bordeaux. Ça s'écrit B O R …
Julien: Je sais, je sais!
Sophie: Alors, tu m'envoies une carte pour mon anniversaire?
Julien: Bien sûr! C'est quand, ton anniversaire?
Sophie: Mon anniversaire, c'est le 25 février.
Julien: D'accord. Pas de problème!

7a S📼 Vous êtes à un festival de musique en France avec des amis. Ecoutez et répondez.

7b S📼 Ecoutez et posez des questions pour Lisa, votre amie anglaise.

Ma famille

- talk about members of your family
- cope better with listening activities

Arbre généalogique

Rabah Derrouaz (75) = *Yamina Derrouaz (71)*   *Mustapha Belamri (79)* = *Fatima Belamri (69)*

Omar Derrouaz (50) = *Aïcha Derrouaz (49)*   *Ahmed Belamri (46)* = *Anne-Marie Raison-Belamri (48)*

Khalid Derrouaz (25) *Kader Benbekta (24)* = *Nadia Benbekta (22)* *Karim Derrouaz (19)* *Nabila Derrouaz (16)* *Adam Belamri (15)* *Valérie Belamri (12)*

Malika Benbekta (2)

1a Vous êtes Nabila. Nommez les membres de votre famille.
Exemple *Omar Derrouaz, c'est mon père.*

1b Donnez leur âge.
Exemple *Ma nièce Malika a deux ans.*

2 C'est qui? Jouez à deux.
Exemple
A: Mes cousins s'appellent Khalid et Karim. Ma cousine s'appelle Nabila. Ma sœur s'appelle Valérie et …
B: Tu es Adam Belamri.
A: Oui.

3a Lisez et écoutez. Sophie téléphone à une émission de radio sur la famille. Trouvez un dessin pour elle (page 15).

Rappel

mon père	ma mère
mon frère	ma sœur
mon oncle	ma tante
mon cousin	ma cousine
mon grand-père	ma grand-mère
mon neveu	ma nièce
mes parents	**mes grands-parents**

> Dans ma famille, nous sommes six. Il y a ma mère, et mon beau-père, mon frère, mes deux demi-sœurs et moi. A la maison, nous sommes cinq. J'ai un frère qui s'appelle Damien mais il habite au Canada. Mes parents sont divorcés mais ma mère s'est remariée. Mon beau-père s'appelle Daniel et il a quarante-six ans. Mes deux demi-sœurs s'appellent Aurore et Jessica. Mes grands-parents sont morts mais j'ai beaucoup d'oncles et de tantes.

3b Vrai ou faux? Corrigez si c'est faux.

a Il y a cinq personnes dans la famille de Sophie.

b Elle a un frère et une demi-sœur.

c Elle n'habite pas avec son père.

d Sa mère s'appelle Jessica.

e Son frère s'appelle Daniel.

f Elle n'a pas d'oncles.

4a 🔊 Ecoutez. Deux jeunes parlent de leur famille. C'est quelle image pour Fabrice? Et pour Sylvine?

4b 🔊 Réécoutez. Choisissez **a** ou **b**.

Fabrice:

1 Il habite **a** en Suisse. **b** en Belgique.

2 Ses parents sont **a** séparés. **b** divorcés.

3 Il a **a** un frère. **b** une sœur.

Sylvine:

4 Elle a **a** un frère. **b** un bébé.

5 Elle habite avec **a** son mari et sa fille.
   b ses parents.

6 Elle **a** a une sœur. **b** est fille unique.

En plus ... Décrivez la famille de Fabrice ou de Sylvine. Réécoutez si nécessaire.

Exemple *Dans ma famille, nous sommes ...*
Il y a ...

5 Décrivez votre famille.

Guide pratique

Listening strategies

1 Look for clues as to what you might hear. (title, introduction, illustrations)

2 Read the questions carefully. Do they ask for an overall impression, or for details?
Impression: there will be more than one clue – listen to the end and then decide.
Details: work out what words to listen out for.

3 You don't have to understand every word.

Expressions-clés 🔊

Dans ma famille/A la maison, nous sommes quatre.
Il y a mon père, ma mère, mon frère et moi.

Je suis fils/fille unique.
J'ai un frère/un demi-frère qui s'appelle ...
J'ai deux sœurs/deux demi-sœurs.
Mes deux demi-sœurs s'appellent ...

Mon père/Ma mère s'appelle ...
Il/Elle a quarante ans.

Mes parents sont séparés/divorcés.
Mes grands-parents sont morts.
J'ai beaucoup d'oncles et de tantes.

a   b   c

Premiers baisers

● describe yourself and other people

See also *Encore!* page 166.

Premiers baisers, c'est un feuilleton français. C'est à dix-huit heures sur TF1. *Premiers baisers,* c'est les aventures de Justine, une jeune Française, de sa famille et de ses copains.

Portraits express des personnages

La famille

JUSTINE est l'héroïne. Elle a quinze ans. Elle est jolie, généreuse et sympathique. Elle est assez petite. Elle a les cheveux blonds, mi-longs, un peu frisés et les yeux marron.

HELENE est la grande sœur de Justine. Elle a dix-neuf ans et elle est étudiante. Elle est grande et mince. Elle a les cheveux blonds, très longs, raides avec une frange et les yeux marron. Elle est assez sportive.

ROGER est le père de Justine et d'Hélène. Il est très gentil, très cool. Quel est son métier? Il écrit des feuilletons pour la télévision. Il a les cheveux noirs, très courts et les yeux marron. Il n'est pas très grand.

MARIE est la mère de Justine et d'Hélène. Elle a les yeux marron et les cheveux bruns, mi-longs. Elle est très dynamique et travailleuse. Quel est son métier? Elle travaille dans une société d'informatique.

Les copains

JEROME est blond aux yeux bleus et il a dix-huit ans. Il est assez grand. C'est le petit ami de Justine. Il est très travailleur.

FRANÇOIS est un ami de Justine et secrètement amoureux d'elle. Il est grand et mince. Il a les cheveux noirs, raides et il porte des lunettes.

SUZY et SUZON sont jumelles. Elles ont seize ans. Elles sont australiennes et sont venues en France pour faire leurs études. Elles sont petites et minces. Elles ont les cheveux blonds et bouclés. Elles sont sympa.

1 Lisez les portraits express. Reliez les photos (page 16) aux personnages.

2a C'est qui?

a Qui a les cheveux blonds et un peu frisés?
b Qui porte des lunettes?
c Qui est grande et mince?
d Qui a les yeux bleus?
e Qui est assez petit?
f Qui a 16 ans?

2b 👥 Ecrivez six questions sur les personnages. Posez les questions à votre partenaire.
Exemple   Qui a les cheveux bouclés?

3 📼 Ecoutez Virginie, Loïc et Pauline. Quel est leur personnage préféré?

4 👥 C'est qui? **A** décrit un personnage. **B** devine. Puis, changez de rôles.
Exemple
A: Cette personne a les yeux marron.
B: C'est Justine?
A: Non. Cette personne est grande.
B: C'est Hélène?
A: Oui.

5 Regardez les photos **a–c**. Choisissez une actrice pour jouer le rôle de Déborah.

> **DEBORAH** est la nièce de Roger et Marie. Elle a seize ans. Elle est jolie, intelligente et assez sportive. Elle est assez grande et assez mince. Elle a les cheveux bruns, très longs, un peu bouclés et les yeux marron.

6a Ecrivez votre portrait express.
Exemple   Je suis très grande et assez mince. J'ai les cheveux noirs, mi-longs …

6b Choisissez trois personnages d'un feuilleton ou d'un film. Ecrivez leur portrait express.
Exemple   Elle est petite et très mince. Elle a les cheveux courts …

Expressions-clés 📼

Je suis		
Il est (très/assez)	grand.	
	petit.	
Je suis		
Elle est (très/assez)	grande.	
	petite.	
J'ai		
Il a	les yeux	bleus/gris/verts/marron.
Elle a		
J'ai		
Il a	les cheveux	noirs/bruns/blonds/roux/gris
Elle a		longs/mi-longs/courts
		bouclés/frisés/raides
Je		
Il	porte	des lunettes.
Elle		

Je suis assez grande et assez grosse. J'ai les cheveux longs.

J'ai les cheveux bruns, courts et un peu bouclés. Je suis assez petite.

Je suis grande et mince. J'ai les yeux marron et les cheveux bruns.

On s'entend bien

- describe someone's personality
- say if you get on well with someone or not
- say what pets you have
- use adjectives (masculine, feminine and plural forms; position)

See also *En plus* …
page 182.

Cher John

Aujourd'hui, je vais te parler un peu de ma famille. Dans ma famille, nous sommes sept. J'habite avec mes parents, mon grand-père, mes deux frères et ma sœur.

Mon grand-père est à la retraite. Je ne m'entends pas bien avec lui parce qu'il est trop autoritaire. Par contre, mon père est sympa. On s'entend bien. Ma mère est infirmière. Elle est gentille et très travailleuse. Je m'entends bien avec elle aussi.

J'ai un grand frère qui s'appelle Marc. Je l'aime bien parce qu'il est très gentil et très drôle. Je m'entends très, très bien avec lui. Il est étudiant. Il habite un appartement près de l'université. J'ai une petite sœur, Mathilde, qui a quatorze ans. Elle est égoïste et très têtue et je ne m'entends pas bien avec elle. Mon petit frère Edouard a neuf ans. Il est très intelligent mais un peu timide.

En plus, on a des animaux. Chez nous, on a un vieux chat, une perruche et deux poissons rouges.

Léo

1a 🔊 Lisez et écoutez la lettre. Vrai ou faux?
  a Léo est fils unique.
  b Il s'entend bien avec son père.
  c Sa mère travaille beaucoup.
  d Son grand frère est impatient.
  e Il n'a pas d'animal chez lui.

1b Répondez.
  a Léo habite avec qui?
  b Il s'entend bien avec ses parents?
  c Il s'entend bien avec sa sœur et ses deux frères?
  d Sa sœur est comment?
  e Qu'est-ce qu'il a comme animaux chez lui?

2 👥 Interviewez votre partenaire. Posez les questions des expressions-clés.

3 Ecrivez une lettre à Léo. Décrivez votre famille.

Expressions-clés 🔊

Vous êtes combien dans votre famille?
Dans ma famille, nous sommes trois.

Tu habites avec qui?
J'habite avec mes parents/mon grand-père/etc.

Tu t'entends bien avec tes parents?
Oui, je m'entends bien avec mes parents.

Tu t'entends bien avec ton frère/ta sœur?
Non, je ne m'entends pas bien avec lui/elle.

Ton père/Ton frère est comment?
Il est intelligent mais un peu timide.

Ta mère/Ta sœur est comment?
Elle est égoïste et très têtue.

Tu as un animal chez toi?
Chez nous, on a un chat/une perruche/deux poissons rouges.
Non, je n'ai pas d'animal.

Zoom grammaire: *les adjectifs*

Mon petit frère mange une glace **énorme**.
Il est **content**.

Agreement of adjectives

- Most adjectives add an *-e* in the feminine.

masculine	feminine
un garçon intelligent	une fille intelligent**e**

1 Can you think of any more adjectives like this?
Example blond/blonde

- Some adjectives have different endings in the feminine.

2a Look back at pages 16 and 18. Copy out and complete the grid for these words: *mince, dynamique, travailleur, généreux, gentil, sportif.*

masculine	feminine	English
sympathique	*sympathique*	*nice*

2b Use the completed grid to work out the rules.

What is the feminine adjective ending …
a if a masculine adjective already ends in an *-e*?
b if a masculine adjective ends in *-eur* or *-eux*?
c if a masculine adjective ends in *-il* or *-el*?
d if a masculine adjective ends in *-if*?

- Some common adjectives do not have a regular pattern.

3 Match the pairs and learn them by heart:

> long   beau
> nouveau
> fou   vieux

> nouvelle   folle
> vieille   longue
> belle

- Adjectives also change if the thing they are describing is plural. Usually this means adding an *-s*.

	singular	plural
masculine	blond	blond**s**
feminine	blonde	blond**es**

- Some adjectives never change: *super, sympa, marron, cool.*
un frère super, une sœur super, des parents super

Position of adjectives

- Most adjectives go **after** the word they describe: *une copine* **généreuse**

- Some common adjectives go **in front of** the word they describe:
petit, grand, gros, beau, joli, jeune, vieux, nouveau, bon, mauvais, vrai.
un bon film, mes petits cousins, un nouveau prof

4 Add some adjectives to these sentences.
a Mon frère habite une maison avec deux chats.
b Sa cousine a acheté une robe dans un magasin.
c J'ai un chat, une perruche et des poissons.

En plus … Make up sentences with lots of adjectives in them.

200

Tous les jours

- brainstorm words connected with food and meals
- say what meals you eat, and when
- say what you have for different meals

See also *En plus* …
page 183.

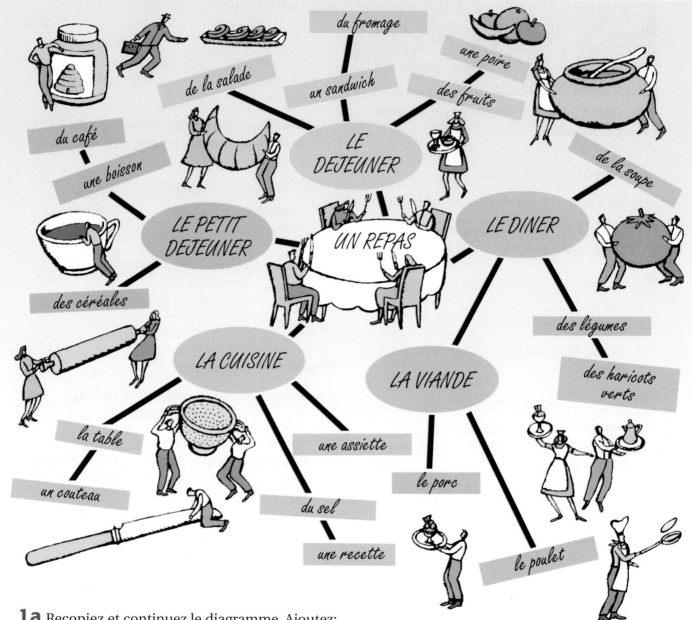

1a Recopiez et continuez le diagramme. Ajoutez:
*le dessert   le bœuf   une fourchette   du sucre
des pêches   une baguette   une saucisse
un bol   un chou-fleur   des œufs   une tasse
du lait   une cafetière   une cuillère   de l'eau*

1b Ajoutez d'autres mots. Comparez avec
votre partenaire.

2   Vous partez un mois sur une île déserte.
Qu'est-ce que vous emmenez à manger et à
boire? (Six produits seulement!)
Exemple: J'emmène du lait, des céréales, des
chips, du chocolat, …

3a 🔲 Ecoutez Candice. Choisissez **a** ou **b**.

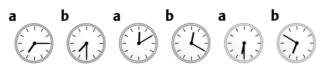

a   b   a   b   a   b

le petit déjeuner   le déjeuner   le dîner

3b 🔲 Ecoutez Paul et Amélie. Notez l'heure de leurs repas.
Exemple Paul: petit déjeuner – vers 7h

3c 👥 Votre partenaire mange chaque repas à quelle heure?
Exemple
A: Chez toi, le petit déjeuner est à quelle heure?
B: Le petit déjeuner est à huit heures.

4a 🔲 Ecoutez Candice, Paul et Amélie. Quel repas décrit chaque personne?

4b 🔲 Réécoutez. Trouvez deux ou trois images pour chaque personne.
Exemple Candice – a, b, g

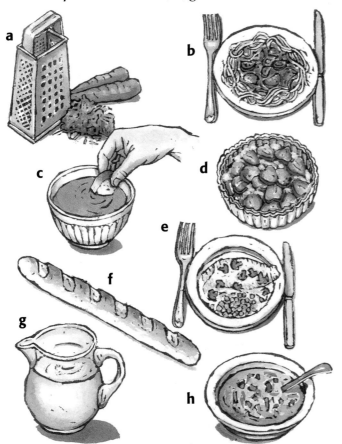

a

b

c

d

e

f

g

h

Expressions-clés 🔲

Le petit déjeuner	
Le déjeuner	est à *six heures et demie*.
Le dîner	

Je prends mon petit déjeuner à *sept heures*.

En général, au petit déjeuner, je mange du pain grillé avec de la confiture.

En général, je bois du thé.

Le soir, je mange souvent du poisson avec une sauce aux champignons et des petits pois.

Rappel

de + le	= **du**	Il boit **du** café au lait.
de + la	= **de la**	Elle mange **de la** tarte.
de + les	= **des**	Je mange **des** petits pois.

4c Ecrivez des phrases.
Exemple Candice mange des carottes râpées et des spaghetti. Elle boit de l'eau.

5 👥 Votre partenaire mange bien? Posez des questions sur ses repas.
Exemple
A: Tu prends ton petit déjeuner à quelle heure?
B: En général, je prends mon petit déjeuner à huit heures.
A: Qu'est-ce que tu manges normalement?
B: Au petit déjeuner, je mange du pain grillé avec de la confiture.

En plus ... Et vous, vous mangez bien? Notez ce que vous mangez pendant une semaine. Ensuite, écrivez un commentaire.
Exemple Lundi: 19h – une côtelette de porc, des pommes de terre et des petits pois. (bon pour la santé/délicieux)

A table!

- offer food and drink, and accept and decline offers
- express opinions about food
- ask others for things at table

See also *Encore!* page 167.

Chez les Pagaille

Mme P: Je fais du chocolat. Tu veux du chocolat, Fabrice?

Fabrice: Oui, je veux bien!

Mme P: Et toi, Camille? Tu en veux?

Camille: Oui, s'il te plaît, maman.

Mme P: Justine?

Justine: Euh, non, merci. Je n'aime pas ça.

Mme P: Prends un jus de fruits. Tu aimes le jus d'orange, non?

Justine: Oui. Ça, j'aime bien.

Fabrice: Tu veux me passer un couteau, maman, s'il te plaît?

Mme P: Voilà.

Camille: Moi, je veux des céréales, maman …

Justine: Il est où, le jus d'orange? Il en reste?

Mme P: Regarde dans le frigo. Oh Fabrice! Tu mets trop de confiture!

Fabrice: Mais c'est bon, la confiture!

Camille: Maman, maman, je veux des céréales!

Mme P: Encore du pain, Fabrice?

Fabrice: Non, merci, j'ai assez mangé.

Mme P: Et toi, Justine?

Justine: Non, merci, ça va comme ça.

Mme P: D'accord. Ah! Le chocolat chaud est prêt …

Camille: Je veux des céréales … Fabrice, passe-moi le paquet …

1 🔊 Lisez et écoutez la scène. Répondez aux questions.
1 C'est quel repas?
2 Qui prépare une boisson chaude? Qu'est-ce que c'est?
3 Qui n'aime pas le chocolat?
4 Fabrice aime la confiture?
5 Camille n'est pas contente. Pourquoi?
   a Elle n'a pas de céréales.
   b Elle n'aime pas les céréales.

2 Trouvez des expressions dans la scène pour:
a offrir à manger ou à boire (trois expressions).
b accepter quelque chose (deux expressions).
c refuser quelque chose (trois expressions).

En plus …

a 🔊 Imaginez la fin de la scène. Ensuite, écoutez la cassette pour comparer.

b 👥 A quatre, jouez la scène.

Expressions-clés 🔊

Tu aimes le fromage?	Oui, j'aime assez.
	Non, je n'aime pas ça.
Prends un yaourt.	Non, merci. Je n'aime pas beaucoup ça.
Encore du thé?	Oui, s'il vous plaît, je veux bien.

Tu veux un peu de gâteau?
Non, merci, ça va comme ça.
C'était délicieux mais j'ai assez mangé.

Tu peux me passer le sel, s'il te plaît?
Vous pourriez me passer l'eau minérale, s'il vous plaît?
Voilà.

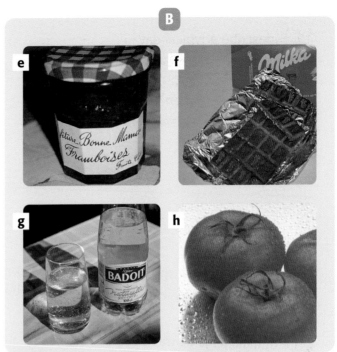

3a Reliez les noms aux photos.
les tomates, les chips, le chocolat, la confiture,
le jus d'orange, le pain, la soupe, l'eau minérale.

3b 👥 **A** offre les aliments de la boîte A. **B** en
accepte deux et en refuse deux. Ensuite, **B** offre
les aliments de la boîte B. **A** accepte ou refuse.
Exemple
A: Tu veux de la soupe?
B: Oui, je veux bien.
A: Encore des chips?
B: Non, merci, ça va comme ça.

4 👥 Regardez les photos **a–h**. Donnez votre
opinion.
Exemple
A: Tu aimes le chocolat?
B: J'adore le chocolat. C'est délicieux.

5a 🔊 Regardez les images **a–f**. Ecoutez et
indiquez l'objet demandé.

5b 👥 Vous êtes à table. Demandez poliment
les objets **a–f**.
Exemple
A: Tu peux me passer une assiette, s'il te plaît?
B: Voilà.

Guide pratique

Quick and easy ways to give an opinion

Giving an opinion helps to make your
conversation or your writing more interesting
and will also earn you extra marks in an exam.

- Use *c'est* (it is) or *ce n'est pas* (it isn't) followed
  by an adjective – or *c'était* (it was) or *ce n'était*
  pas (it wasn't) when talking about the past.
  C'est délicieux!
  C'était nul!
  Ce n'est pas intéressant!

- Use *aimer*, *adorer* and *détester* to say what
  you like or don't like.
  J'adore les poires!
  J'aime les chips.
  Je déteste le coca.

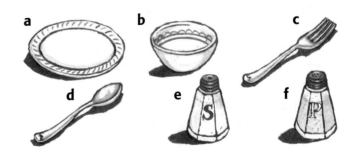

Un dimanche typique

● describe a typical day

Julien écrit à Carmen, sa correspondante mauricienne.

Chère Carmen,

Merci pour ta lettre. Tu t'amuses bien le week-end chez toi! Moi, le samedi soir, je travaille. J'ai un petit boulot au cinéma.

Le dimanche, je ne travaille pas. En général, je me réveille à huit heures et demie et je me lève à neuf heures et quart. Je me lave, je me coiffe puis je m'habille et je prends mon petit déjeuner devant la télé. D'habitude, je bois un jus d'orange et je mange des tartines. Le matin, je fais mes devoirs. Cette année, on a beaucoup trop de devoirs! Le déjeuner est à une heure et demie.

L'après-midi, je retrouve mes copains ou je vais chez ma grand-mère. Souvent, je reste à la maison. Je ne fais rien de spécial. Je lis ou j'écoute de la musique. Le soir, on mange à huit heures. Après, je regarde la télé ou j'écris des lettres. En général, je me couche vers dix heures et demie.

1 Lisez la lettre. Vrai ou faux?
   a Julien a un job le samedi matin.
   b Le dimanche, il se lève à neuf heures quinze.
   c Il prend son petit déjeuner au lit.
   d Il fait ses devoirs le dimanche matin.
   e Le dimanche après-midi, il fait du sport.
   f Après le dîner, il va chez sa grand-mère.

2 🔘 **Micro-trottoir.** *Qu'est-ce que tu fais le dimanche matin?* Ecoutez ces trois jeunes et notez:
   a à quelle heure ils se lèvent.
   b à quelle heure ils prennent le petit déjeuner.
   c ce qu'ils mangent/boivent.

Julien va chez sa grand-mère.

3 🔘 Julien téléphone à Sophie. Ecoutez Sophie. Qu'est-ce qu'elle fait le dimanche? Prenez des notes.

4 Regardez les dessins. Racontez un dimanche typique chez Carine.
Exemple En général, je me lève à huit heures et demie. Je m'habille, je me coiffe et je prends mon petit déjeuner …

5 Racontez un dimanche typique chez vous.

> Adaptez des phrases de la lettre de Julien.
> - Recopiez les mots en bleu.
> - Changez les mots en jaune.

Expressions-clés 🔊

Tu te réveilles à quelle heure?
Je me réveille à *neuf heures.*

Tu te lèves quand?
Je me lève à *neuf heures et quart.*

Et après, qu'est-ce que tu fais?
Je m'habille.
Je me lave. Je prends une douche.
Je prends mon petit déjeuner.

Tu sors?
Oui, je fais du vélo.
Je vais chez ma grand-mère.
Je retrouve mes copains.
Non, je reste à la maison.

Qu'est-ce que tu fais le soir?
Je regarde la télé.
Je lis.
Je fais mes devoirs.
On mange vers *sept heures.*

Tu te couches à quelle heure?
En général, je me couche à *dix heures.*

get to grips with the present tense

1 When do I use the present tense?
- to talk about what's happening <u>now</u>

> *En ce moment*, je fais mes devoirs.*

At the moment, I'm doing my homework.

* Other words that can be used to show what is happening now:
maintenant (now)   *aujourd'hui* (today)

206

2 How do I form the present tense?
- When the infinitive ends *-er*, like *parler* (to speak), use these endings:

je	parl**e**	nous	parl**ons**
tu	parl**es**	vous	parl**ez**
il		ils	
elle } parl**e**		elles } parl**ent**	
on			

204 Don't forget to use the right pronoun: *je*, etc.

206 verbs ending *-ir* or *-re* work differently.

3 How do I say 'not' with present tense verbs?
- Put *ne* in front of the verb and *pas* after it:

210

4 What are reflexive verbs?
- Verbs that have an extra little word before the verb.

Before a vowel or an *h*, *me*, *te*, *se* change to *m'*, *t'*, *s'* (*je m'amuse, tu t'ennuies, il s'habille*, etc).

209

- to talk about things that happen <u>regularly</u> or <u>usually</u> happen

> *Je prends le bus à huit heures tous les jours*.*

I get the bus at eight o'clock every day.

* Other words to say what usually happens:
le week-end (at the week-end),
le dimanche (on Sundays), *en général* (generally), *tous les lundis* (every Monday).

- Some of the most common verbs don't follow a regular pattern.

être (to be)		*avoir* (to have)	
je suis	nous sommes	j'ai	nous avons
tu es	vous êtes	tu as	vous avez
il est	ils sont	il a	ils ont
elle est	elles sont	elle a	elles ont
on est		on a	

Learn all irregular verbs by heart.

> *Je **ne** regarde **pas** la télévision le week-end.*

se coucher (to go to bed):

je **me** couche	nous **nous** couchons
tu **te** couches	vous **vous** couchez
il **se** couche	ils **se** couchent
elle **se** couche	elles **se** couchent
on **se** couche	

1a Look back at pages 24 and 25. Make a list of verbs in the present tense with their English translations.
Example je me réveille – I wake up, on mange – we eat, …

1b Make a list of the words that show when something is happening/usually happens.
Example à dix heures – at ten o'clock, l'après-midi – in the afternoons, en général – generally

2a Look back through units 1 and 2. Find ten verbs that are formed like *parler* in the present tense.

2b Copy out the sentences. Replace the infinitives in brackets with the right form of the verb.
Example On [manger] un sandwich.
– On mange un sandwich.
a Le matin, je [*manger*] dans la cuisine.
b Le week-end, ils [*jouer*] au tennis.
c Normalement, nous [*rester*] à la maison.
d En ce moment, elle [*écouter*] la radio.
e Tu [*aimer*] le jus d'orange?

2c Copy out this paragraph, replacing the infinitives in brackets with the right form of the verb.

Tu [*être*] paresseux ou tu [*avoir*] beaucoup d'énergie? Qu'est-ce que tu [*faire*] le dimanche? Tu [*aimer*] faire du sport, par exemple, ou tu [*rester*] à la maison? Moi, je [*faire*] du vélo ou je [*jouer*] au tennis. Je [*être*] très sportif mais mes parents ne [*faire*] pas de sport. Ils [*préférer*] rester à la maison. Le dimanche, ils [*regarder*] la télévision et ils [*écouter*] de la musique.

3a What do these common expressions mean?
a Je ne comprends pas.
b Ne touchez pas!
c Je n'ai pas de crayon.
d Nous ne parlons pas anglais.
e Mon copain n'aime pas beaucoup le fromage.

3b Answer these questions in the negative, using *ne … pas.*
Example Tu aimes les maths?
– Non, je n'aime pas les maths.
a Tu es français?
b Tu viens au café?
c Tu fais la cuisine?
d Tu manges à six heures?
e Tu restes à la maison?

4a Look back at page 24. How many reflexive verbs are there in Julien's letter? What do they mean?
Example Je me réveille à huit heures et demie. – I wake up at half past eight.

4b Look at the pictures. Describe Wilfried's morning.
Example Je me réveille à sept heures …

Pause lecture 1

Copains, copines

C'est la rentrée. A dix heures et demie, Nabila et sa copine Delphine se retrouvent dans la cour.

Nabila: C'était super, les vacances!
Delphine: Montre-moi la photo. C'est qui?
Nabila: Ça, c'est une copine, Sophie, avec Julien …
Delphine: Et avec toi, c'est qui? Le mec en fauteuil roulant. Il est mignon.
Nabila: Il s'appelle Léo. Il est super sympa! On s'entend bien.

Nabila: Oh, regarde! Il y a un nouvel élève dans notre classe. C'est le blond là-bas.
Delphine: Oui, je sais. Il s'appelle David Leblanc. C'est un copain de mon frère.
Nabila: David … mmm! Il habite où?
Delphine: Il habite tout près* de chez moi. Ses parents sont divorcés. Il habite avec son père.
Nabila: Il a quel âge?
Delphine: Il a seize ans … Nabila! Toutes* ces questions! Il t'intéresse ou quoi?

Nabila: Il est un peu* mince mais il est très beau. Tu ne trouves pas? Et il a l'air* sympa.
Delphine: Il est très gentil … un peu* timide mais très sympa.
Nabila: C'est tout à fait* mon type. Je vais lui dire bonjour. On l'invite au café à midi? Tu viens?
Delphine: Ton type? Et Léo???? Nabila, attends …

---

* tout près – *right near* (see page 201)
toutes – *all* (see page 200)
un peu – *a bit* (see page 201)
il a l'air – *he looks*
tout à fait – *exactly*

1 Lisez et écoutez *Copains, copines*. Choisissez la bonne réponse.

1 Qui est Delphine?
a la copine de Nabila
b un nouvel élève

2 Que font Nabila et Delphine?
a Elles lisent un magazine.
b Elles regardent les photos de Nabila.

3 Qui est sur la photo?
a Nabila et sa famille
b Nabila et ses copains

4 Que pense Nabila de Léo?
a Elle l'aime bien.
b Elle ne l'aime pas beaucoup.

5 David Leblanc est comment?
a Il a les cheveux blonds.
b Il a les cheveux noirs.

6 Qui veut parler à David?
a Nabila
b Delphine

2 Notez en anglais tous les détails sur David.

En plus ... Continuez le dialogue.

3 Ecoutez et lisez la chanson *Le vieux Parisien*.

4 Trouvez dans la chanson l'équivalent français des expressions suivantes:
a at the corner of my street
b does he live in the neighourhood?
c I don't know anything about that.
d He doesn't say anything.
e Is he thirsty?

5 Quels mots décrivent le vieux Parisien?

> agressif   réservé
> solitaire   mystérieux
> bavard   heureux

Le vieux Parisien

Au coin de ma rue,
Un vieux Parisien est toujours assis:
Il ne fait rien.
Il s'appelle comment?
Jacques? Albert? Armand?
Il habite dans le coin?
Ça, je n'en sais rien.
Il n'a aucun* ami.
Il n'a pas de famille.
Il n'a ni* mère ni père,
Ni sœur ni frère.

Refrain
Et quand tombe la nuit, il se lève et s'enfuit.
Il disparaît sans bruit*, dans les rues de Paris.
Dans les ombres de la nuit*,
Tous les chats sont gris*.

Il va et il vient,
Le vieux Parisien. Il me regarde bien,
Il ne dit rien.
Trop longs, ses cheveux,
Et trop tristes, ses yeux.
Il a soif? Il a faim?
Ça, je n'en sais rien.
Il mange quand il peut
Et il fait ce qu'il veut.
C'est ça la vie, pour lui,
C'est ça, sa vie.

Refrain

* ne ... aucun – *not a single* (see page 211)
ni ... ni ... – *neither ... nor ...* (see page 211)
sans bruit – *without a sound*
les ombres de la nuit – *the shadows of the night*
(la nuit) tous les – *(at night) all cats are grey*
  chats sont gris   *(a French saying)*

En forme?

- say what you do to keep fit and healthy
- use *il faut* and *devoir* to say what someone must do

See also *En plus* … page 184.

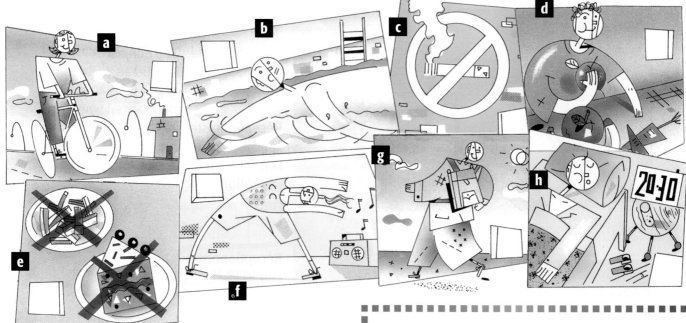

1a Reliez les expressions-clés aux dessins.
Exemple 1 – d

1b 🔊 Ecoutez. Notez les bons dessins pour chaque personne.
Exemple 1 – c et d

1c Ecrivez les expressions-clés par ordre d'importance pour vous (1 = très important, etc). Ensuite, ajoutez vos propres idées à la liste.
Exemples Je joue au football.
        Je ne bois pas d'alcool …

2 🔊 **Micro-trottoir.** *Qu'est-ce que tu fais pour être en forme?* Ecoutez les trois jeunes et prenez des notes.

3 👥 Que fait votre partenaire pour être en forme? Posez des questions.
Exemple
A: Tu fais de la natation?
B: Oui, une fois par semaine./
   Non, je n'aime pas ça.

Expressions-clés 🔊

Pour être en forme …
1 Je mange beaucoup de fruits et de légumes.
2 Je fais de la marche à pied.
3 Je ne fume pas.
4 Je fais de l'aérobic.
5 Je fais du vélo.
6 Je me couche de bonne heure.
7 Je fais de la natation.
8 Je ne mange pas de frites ou de gâteaux.

Rappel

Je fais ➝ Tu fais
Je mange ➝ Tu mange**s**
Je me couche ➝ Tu te couche**s**

Quand?
Tous les jours
Tous les week-ends
Une ou deux fois par semaine
Une ou deux fois par mois
Quand je peux
Pas souvent
Jamais!

Conseil d'ami

Je suis un garçon de seize ans et je ne suis pas en forme. Je fume cinq cigarettes par jour et j'ai envie d'arrêter. Qu'est-ce que je dois faire?

Kévin B.

Tu as déjà essayé d'arrêter? Ce n'est pas facile mais tu ne dois pas te décourager. Il faut faire un effort.

Zehra M.

Il faut mettre un patch antitabac. Pour cela, tu dois aller à la pharamacie.

Fabrice

Moi aussi, je dois arrêter de fumer parce que ce n'est pas bon pour la santé. Quand j'ai envie de fumer, je mâche du chewing-gum.

Marjorie R.

Il ne faut pas laisser les cigarettes devenir une obsession. Tu dois jeter toutes tes cigarettes aujourd'hui. Il faut être plus fort qu'elles.

Ramazan K.

4 Lisez les lettres. Vrai ou faux?
   a Kévin ne fume pas.
   b Il veut arrêter.
   c Fabrice dit que son médecin fume.
   d Zehra pense qu'il est difficile d'arrêter.
   e Marjorie a envie d'arrêter de fumer.
   f Les cigarettes sont une obsession pour Ramazan.

Zoom grammaire: *il faut, devoir*

To say what you <u>have to</u> or <u>must</u> do use:

- il *faut* + an infinitive

Il faut aller voir le dentiste.

- part of the verb *devoir* + an infinitive

Tu dois entrer.

DENTISTE

1a Re-read the letters at the top of the page. Make a list of all the sentences with *il faut* or *il ne faut pas*, and translate them into English.
Example *Il faut mettre un patch antitabac.* You have to put on a nicotine patch.

1b Do the same for sentences with *je dois*, *tu dois*, etc.
Example *Tu ne dois pas te décourager.* You must not be discouraged.

2a Make an instruction using *il faut* or *il ne faut pas* to go with each of the pictures **a–h** on page 34.
Example *a – il faut faire du vélo*

2b Do the same using *tu dois* or *tu ne dois pas*.
Example *a – tu dois faire du vélo*

210

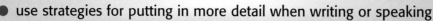

Dossier: Est-ce que je suis en forme?

- write an essay on how fit you are
- use strategies for putting in more detail when writing or speaking

Est-ce que je suis en forme?
(300 mots)

1 introduction
2 développement
   a une journée typique; ce que je mange
   b l'exercice/le sport et moi; ce que j'ai
      fait récemment
   c mauvaises habitudes?
   d résolutions; ce que je vais faire
3 conclusion

Est-ce que je suis en forme?

par Sophie Castel

1   Pour être en forme, il faut bien manger et faire du sport. Il ne faut pas fumer et il ne faut pas aller au lit trop tard.

2a Moi, le matin, je me lève à sept heures et demie. Au petit déjeuner, je mange des céréales avec du lait et du sucre et je bois une tasse de thé. Je vais à l'école à pied tous les jours parce que la marche à pied, c'est bon pour la santé. A midi, je mange à la cantine. Je mange beaucoup de légumes mais je n'aime pas beaucoup le chou-fleur et je déteste les épinards. C'est dommage parce que les épinards contiennent beaucoup de vitamines. Quand je peux, je mange des fruits. Je pense que j'ai un régime équilibré. Le soir, je me couche toujours de bonne heure.

2b Au lycée, on joue au basket et au handball. Pendant mon temps libre, je fais aussi beaucoup de sport. Je fais du jogging tous les soirs et ça me détend. Je joue au tennis une fois par semaine et je fais du judo depuis l'année dernière. Quand je peux, je fais de la natation ou je fais du vélo. Samedi dernier, j'ai participé à un mini-marathon. J'ai couru dix kilomètres. C'était amusant mais j'avais mal aux pieds.

2c Je ne fume pas et je ne bois pas d'alcool, seulement un verre de vin une ou deux fois par mois. Je ne vais pas commencer à fumer parce que le tabac donne le cancer. J'ai une mauvaise habitude: je mange entre les
2d repas. J'aime manger du chocolat mais je vais essayer d'arrêter parce que ce n'est pas bon pour la santé. Il y a trop de calories et ça fait grossir.

3   Je ne suis pas souvent malade et je vais rarement chez le médecin. Pour moi, la santé est assez importante. Je fais un effort pour avoir une vie active et saine. Je pense que je suis en forme.

1a [▣] Lisez et écoutez.

1b [▣] Notez les mots nouveaux et cherchez-les dans un dictionnaire.

2a Répondez aux questions pour Sophie.
Exemple *a – Oui, le matin je me lève à sept heures et demie.*

2b Répondez aux questions pour vous.

a	*Tu te lèves de bonne heure?*
b	*Qu'est-ce que tu manges au petit déjeuner? Qu'est-ce que tu bois?*
c	*Comment vas-tu à l'école?*
d	*Qu'est-ce que tu manges à midi?*
e	*Tu aimes les fruits et les légumes?*
f	*Tu as un régime équilibré?*
g	*Tu te couches de bonne heure?*
h	*Tu fais du sport au lycée?*
i	*Tu fais du sport pendant ton temps libre?*
j	*Tu as fait du sport récemment?*
k	*Est-ce que tu fumes? Pourquoi?*
l	*Est-ce que tu bois de l'alcool?*
m	*Qu'est-ce que tu manges entre les repas?*
n	*Tu es souvent malade?*
o	*Est-ce que la santé est importante pour toi?*
p	*Est-ce que tu es en forme?*

3 A vous! Ecrivez un dossier sur le thème *Est-ce que je suis en forme?*
a Faites un plan.
Commencez par une introduction.
Terminez par une conclusion.
b Prenez des notes.
c Lisez les conseils du Guide pratique.
d Ecrivez votre rédaction: 300 mots environ.

Guide pratique

Giving more detail in your writing and speaking

Here are a few ideas to make what you write or say more interesting. Look at Sophie's essay for examples.

- **Use link words to join together two short sentences.**
  et (and)
  mais (but)
  ou (or)

- **Say when.**
  à + heure (at + time)
  tous les jours (every day)
  le matin (in the mornings)
  une fois par semaine (once a week)
  souvent (often)
  pendant mon temps libre (in my free time)
  rarement (rarely)
  quand je peux (when I can)

- **Say why.**
  parce que (because)

- **Give your opinion.**
  je pense que (I think that)

1 Add your own ideas to the list.

Rendez-vous sympa

- ● read information about what there is to do in a region
- ● make and react to suggestions for going out
- ○ use *au, à la, aux* + noun

GUIDE DES VACANCES dans la Manche

a

Beach-volley à Agon-Coutainville

Du samedi 18 juillet au samedi 22 août.
Sur la plage. Tous les week-ends: des tournois.
En semaine: des stages de beach-volley.

DEMANDEZ LE PROGRAMME.

b

Compétition multi-sports

Du 28 au dimanche 30 août.
Golf, équitation, tennis et char à voile. Ambiance garantie.
Renseignements et inscriptions: mairie du Val-Saint-Père.

c

l'été toute l'année

AQUA BAIE **CENTRE AQUATIQUE**
Rue Guy de Maupassant
AVRANCHES – Tél.02 33 58 07 20

Périodes vacances scolaires été		
LUNDI	10h/12h – 14h/20h	
MARDI	10h/12h – 14h/21h	
MERCREDI	10h/12h – 14h/20h	Jours fériés
JEUDI	10h/12h – 14h/20h	9h/13h30
VENDREDI	10h/12h – 14h/21h	15h/19h
SAMEDI	14h/19h	
DIMANCHE	9h/13h30 – 15h/19h	

d

UN ETE REUSSI !

McDrive

M

GRANVILLE

de 7h à 1h

Mc Donalds route de Villedieu

e

Match de football ce soir à 19 h 30
VILLEDIEU CONTRE AVRANCHES

f

MINI GOLF D'AVRANCHES

Détendez-vous
dans la verdure et les fleurs

BAR-TERRASSE
tél : 02 33 68 24 19
ouvert tous les jours
NOCTURNES tous les soirs de juillet/août

g

Musée du Vélo (Périers)

Cette collection unique regroupe
110 vélos et jouets à pédale.

Horaires d'ouverture: juillet et août tous
les jours de 10h à 12h et de 15h à 19h (le
dimanche après-midi seulement)

Tarifs: Adultes 4 € – Enfants 2 €

h

Etangs du Val de Sée

- pêche au poids entrée gratuite et matériel fourni
- pêche à la journée et demi-journée de 8 h à 18 h.

OUVERT TOUS LES JOURS du 1/03 au 15/10 (sauf les mardis d'école)
BAR - AIRE de PIQUE-NIQUE

Pisciculture de St-Georges de Livoye
à 3 km de Brécey, route d'Avranches - Tél. 02 33 60 91 74

i

CHAMPREPUS

ZOO

PARC D'ATTRACTION GRATUIT
à l'intérieur du parc
CREPERIE-GRILL de 12h à 20h

Ouvert tous les jours de 10h à 20h

1 🄳🄸 Lisez les annonces et faites la liste des attractions en anglais.
Exemple *swimming pool, tennis, …*

- - - - - - - - - - - - - - - - - - - -

Expressions-clés 🔊

On va	au centre aquatique?
	au cinéma?
	à la pêche?
	à la piscine?
On joue	au beach-volley?
	au mini-golf?
	aux cartes?
Tu voudrais	aller au match de foot ce soir?
	faire de l'équitation?

🙂	🙁
Oui, d'accord.	Non, je n'aime pas (beaucoup) le foot.
Bonne idée!	
Ce serait super.	(Bof!) Ça ne me dit rien.

2 Vrai ou faux?
a Le match de foot est demain.
b Il y a une crêperie au zoo.
c On peut jouer au beach-volley sur la plage.
d Le centre aquatique est ouvert le samedi matin.
e On peut aller à la pêche près de Brécey.
f Il y a un parc d'attractions au musée du Vélo.

3a 🔊 Ecoutez les six conversations et notez les suggestions.
Exemple *1 – centre aquatique*

3b 🔊 Réécoutez. Notez la réaction: d'accord (✓) ou pas d'accord (✗)?
Exemple *1 – ✓*

4 👥 A propose les activités des expressions-clés. B donne son opinion. Puis, changez de rôles.
A: On va à la pêche?
B: Bof! Ça ne me dit rien.

En plus … 👥 Regardez les annonces, page 38. Proposez des sorties à votre partenaire.

ZOOm *grammaire: à la, au, aux*

- Use **à** to say 'at' or 'to' a place:
  On va à Chamonix?

- **à + le = au**
  le match de foot   *On va au match de foot?*

- **à + les = aux**
  les Etangs   *On va aux Etangs*

- **à + la (or l') = à la (or à l')**
  la piscine   *On va à la piscine?*

1 Copy out and complete the message.

Demain, on va …1… Paris ou on va …2… campagne? Ce soir, Daniel veut aller …3… match de foot mais Luc préfère aller …4… piscine. On mange …5… café ou on va …6… crêperie?

202

Où est-ce qu'on se retrouve?

- invite someone out
- accept or turn down an invitation
- suggest an alternative activity
- make arrangements to meet

See also *Encore!* page 169.

Nabila invite Anne au bowling.

Nabila: Tu es libre vendredi soir? Tu veux aller au bowling?

Anne: Ah non, je suis désolée. Vendredi soir, je ne peux pas. C'est l'anniversaire de mon frère. Je regrette mais je dois rester à la maison.

Nabila: Samedi alors? Tu veux sortir samedi soir?

Anne: D'accord. Mais je n'aime pas beaucoup le bowling. J'aimerais mieux aller à la patinoire. Et toi?

Nabila: D'accord. Je veux bien.

1a Ecoutez et lisez la conversation entre Nabila et son amie Anne. Notez comment:

a Nabila propose une sortie à Anne.
b Anne refuse/s'excuse.
c Anne propose une autre activité.
d Nabila accepte.

1b Avec un(e) partenaire, jouez les rôles de Nabila et Anne.

1c Adaptez la conversation. Jouez ou écrivez:

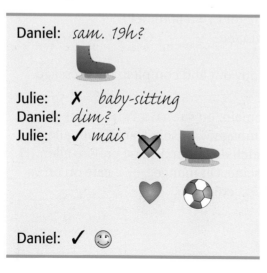

Daniel: *sam. 19h?*

Julie: ✗ *baby-sitting*
Daniel: *dim?*
Julie: ✓ *mais*

Daniel: ✓ ☺

Expressions-clés

Pour inviter

Tu es libre	ce week-end?
	demain?
	samedi soir?

Tu veux	aller au bowling?
	faire les magasins?
	venir chez moi?

Pour accepter/refuser/s'excuser
Oui. D'accord. Je veux bien.
Ça dépend.
Je ne peux pas.
Je suis désolé(e) mais je sors avec Anne samedi.
Je regrette mais je dois rester à la maison.

Pour proposer une autre activité

| J'aimerais mieux | aller à la patinoire. |
| | faire un tour à vélo. |

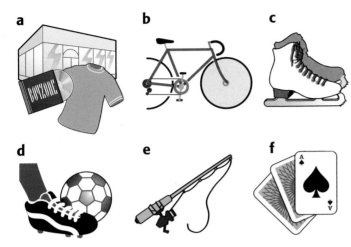

a   b   c

d   e   f

Où? Quand?

Anne:	Où est-ce qu'on se retrouve?
Nabila:	Chez toi?
Anne:	Euh, non … on se retrouve devant la patinoire?
Nabila:	D'accord. A quelle heure?
Anne:	A sept heures et quart.
Nabila:	OK! On se retrouve devant la patinoire à sept heures et quart. A samedi!
Anne:	A samedi!

2a Reliez les questions aux dessins.
Exemple 1 – c
1 Tu veux aller à la patinoire?
2 Tu veux aller au match de foot?
3 Tu veux jouer aux cartes?
4 Tu veux faire les magasins?
5 Tu veux aller à la pêche?
6 Tu veux faire un tour à vélo?

2b Ecoutez les cinq conversations et notez les activités proposées.
Exemple 1 – b et d

2c A propose une activité. **B** n'aime pas l'activité proposée et propose une autre activité. **A** accepte.
Exemple
A: Tu veux faire un tour à vélo demain?
B: Non, je n'aime pas beaucoup le vélo. J'aimerais mieux faire les magasins.
A: D'accord. Je veux bien.

3 Ecoutez et lisez la fin de la conversation entre Nabila et Anne. C'est quel rendez-vous?
1 *samedi, 19 h 30, chez Anne*
2 *samedi, 19 h 15, devant la patinoire*
3 *samedi, 19 h 30, chez Nabila*

4 Ecoutez les cinq conversations et notez l'heure et le lieu de chaque rendez-vous.
Exemple 1 – 9 h 20, à l'arrêt de bus

5 Fixez des rendez-vous. Inventez des dialogues pour ces dessins.
Exemple
A: Tu veux aller au café?
B: Oui, je veux bien.
A: Où est-ce qu'on se retrouve?
B: A la gare.
A: A quelle heure?
B: A huit heures.
A: OK! On se retrouve à la gare à huit heures.

Expressions-clés

Pour se retrouver
Où est-ce qu'on se retrouve?
On se retrouve   chez moi/toi.
                 devant la patinoire.
                 à la gare/à l'arrêt de bus.
A quelle heure est-ce qu'on se retrouve?
On se retrouve à *sept heures*.

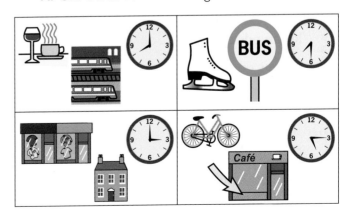

Vive le sport!

- talk about sports you do
- buy a ticket for a leisure activity
- be aware of words that look the same in French as they do in English

See also *En plus* … page 185.

1a Retrouvez le nom des sports illustrés.

a   b   c

d   e   f

> le rugby   la natation   le cricket   le football
> l'athlétisme   le ski   le hockey   le tennis
> le ping-pong   l'escalade   le judo   l'équitation
> le cyclisme   le basket   la voile

1b 📼 Micro-trottoir. *Vous faites du sport?* Ecoutez ces trois jeunes et notez les sports mentionnés.

Expressions-clés 📼

Sandrine, tu fais du sport?

Oui, je fais du judo.

Tu fais ça quand?

Je fais du judo une fois par semaine, le samedi après-midi.

Depuis quand?

Depuis un an.

Rappel

Je joue depuis – ***I've been playing*** for
trois ans.   *three years.*

Mini-infos

Vous vous intéressez au sport? En France, il y a un journal exclusivement consacré au sport. Il s'appelle *L'Equipe*. C'est un quotidien, c'est-à-dire qu'il paraît tous les jours.

2a 📼 Ecoutez la conversation des expressions-clés.

2b 👥 Lisez la conversation avec un(e) partenaire.

2c 👥 Adaptez la conversation pour ces jeunes. (Attention! *jouer* ou *faire*?)

	sport	quand?	depuis quand?
Olivier	rugby	mer, dim	3 ans
Valérie	équitation	sam	5 ans
Thomas	basket	mar, jeu	6 mois
Elodie	ski	dim	10 ans

2d Et vous? Qu'est-ce que vous faites comme sport? Quand? Depuis quand?

Mon sport préféré, c'est le basket. *Je joue au basket depuis* trois ans. *Je fais partie d'une équipe de* basket pour handicapés. *Je trouve ça* passionnant. *Mon héros, c'est* l'Américain Michael Jordan. Je joue aussi au ping-pong mais je ne joue pas régulièrement. En été, je fais de l'équitation mais l'équipement est cher. *J'aime beaucoup* le football. *J'adore* aller voir les matchs au stade et regarder les matchs à la télé. *Je suis supporter de* Paris Saint-Germain.

3 📼 Lisez et écoutez ce que dit Léo. Vrai ou faux?

a Léo pratique trois sports.
b Il n'aime pas beaucoup jouer au basket.
c Il joue au basket le week-end.
d Il joue au ping-pong au lycée.
e Son équipe de foot préférée, c'est Paris Saint-Germain.

■■■■■■■■■■■■■■■■■■■■■■

Expressions-clés 📼

Je fais   du judo.
          de la voile.
          de l'équitation.
Je joue au ping-pong.
Je ne fais pas de sport.
Je fais partie d'une équipe de *basket*.
Mon sport préféré, c'est *le badminton*.
J'aime regarder *les matchs de foot à la télévision*.
Je suis supporter de *Paris Saint-Germain*.
Je m'intéresse (un peu/beaucoup) *au ski*.

Guide pratique

Words that look like English words

Don't rush for the dictionary every time you meet a new text in French. Quite a few words look the same, or almost the same, in English and French (although they sound different).

1a Read through what Léo says about sport. How many words can you find that are exactly the same as English? Make a list.

1b List the words that are not exactly the same but are similar.

4 A vous d'écrire un texte sur vos activités sportives! (Utilisez les mots soulignés dans le texte de Léo.)

5a 📼 Ecoutez Léo. Qu'est-ce qu'il achète?

5b 👥 Lisez la conversation-clé.

■■■■■■■■■■■■■■■■■■■■■■

Conversation-clé S📼

A: Bonjour. Je voudrais deux billets pour le match, s'il vous plaît.
B: Adultes ou enfants?
A: Deux billets adultes. C'est combien?
B: C'est 14 euros pour un adulte. Alors, ça vous fait 28 euros.
A: Voilà.
B: Merci. Voici vos billets. Le match va commencer dans quinze minutes.
A: Merci.

5c 👥 Adaptez la conversation-clé pour:

a un adulte.
b un adulte et trois enfants.
c quatre adultes.

MATCH AMICAL

FC Reims–FC Troyes
au Stade Lafontaine

Dimanche 19 avril à 15 h
Prix des billets: 14€ (enfants 12€)

Ce n'est pas juste!

- say if and when your parents allow you to go out
- say what is fair and unfair
- take notes when reading or listening

A Je dois rentrer à neuf heures le soir, même le week-end.

B Je n'ai jamais la permission de sortir seule le soir.

C Je dois me coucher à dix heures le soir, même le week-end. Ce n'est pas juste!

D Je n'ai pas le droit d'aller à des fêtes. On me dit: "Moi, à ton âge, je ne faisais jamais ça!"

E Je dois toujours faire mes devoirs avant de sortir le soir.

F Je n'ai jamais la permission de sortir en semaine.

G Dans mon village, il n'y a rien à faire mais je n'ai pas le droit d'aller en ville.

H Je n'ai pas le droit de porter une minijupe quand je sors.

1 Lisez les reproches et donnez l'équivalent anglais.

2 📼 Ecoutez et notez les reproches dans l'ordre mentionné.
Exemple 1 – C

3a Faites deux listes de reproches: *c'est juste* ou *ce n'est pas juste*.

> **Rappel**
>
> ne + *verb* + pas – *not*
> ne + *verb* + jamais – *never*
> ne + *verb* + rien – *nothing*

3b 👥 Discutez avec votre partenaire.
Exemple
A: Je n'ai jamais la permission de sortir en semaine.
B: Je pense que ce n'est pas juste.
A: Moi aussi …

3c Adaptez les phrases pour vous.
Exemple Je dois rentrer à onze heures le soir.

En plus … Ajoutez d'autres reproches.
Exemple Je n'ai jamais la permission de me maquiller quand je sors.

Chère Alice

Chère Alice

J'ai un problème. J'ai une petite sœur qui a treize ans. Quand je sors le soir, elle m'accompagne. Elle est toujours avec moi. Avec elle, je ne peux rien faire. Je ne suis jamais seule et je pense que cela n'est pas normal à mon âge (j'ai seize ans et demi).

J'aime bien ma sœur mais je veux un peu de liberté.

Je lui demande de sortir sans moi mais elle ne veut pas. Mes parents ne disent rien. Aidez-moi, je ne sais pas quoi faire.

Christelle

Chère Alice

Je suis désespéré. J'ai quinze ans et j'habite avec ma mère et mon beau-père dans un village à 20 kilomètres de Bordeaux. Il n'y a rien à faire ici dans le village et tous mes copains habitent à Bordeaux.

Je voudrais aller en ville le soir et le week-end mais je n'ai pas le droit. Ce n'est pas juste parce que je ne suis pas un enfant.

J'ai essayé de parler à mon beau-père mais il ne veut jamais discuter avec moi. Ma mère ne dit rien parce qu'elle ne veut pas le vexer. Qu'est-ce que je peux faire?

Nicolas

4 Lisez les lettres. Vrai ou faux?
a Nicolas habite en ville.
b Il ne peut pas sortir le week-end.
c Son beau-père parle souvent avec lui.
d Christelle veut sortir sans sa sœur.
e Ses parents ont essayé de l'aider.

Expressions-clés 📼

C'est juste.	Ce n'est pas juste.
Je suis d'accord.	Je ne suis pas d'accord.

Je pense que …
J'ai le droit de *sortir*.
Je n'ai pas le droit d'*aller à des fêtes*.
Je dois rentrer à *dix heures*.
Je n'ai jamais la permission d'*aller en ville*.

Guide pratique

Taking notes

When you listen or read, you may need to take notes.
- If possible, listen to or read the whole text through without stopping to write anything at first.
- Try to find the main point in each sentence or group of sentences.
- What key words sum up that idea? Write them down.

For Nicolas' letter, you might write down the words highlighted in green.

1 Read Christelle's letter. Make notes for each paragraph.

Révisions Unités 1–4

Elle et lui

Juliette cherche son Roméo … à Elle et Lui, un jeu à la télévision.

| Numéro 1 | Numéro 2 | Numéro 3 |
| Eric | Thomas | Freddy |

1 Ecoutez Juliette. Recopiez et complétez sa description.

Salut! Je …1… Juliette Chamfort, …2… à Dijon et j'ai …3… ans. Mon anniversaire, c'est le …4… . Dans ma famille, nous sommes …5… : il y a ma mère, mon père, ma …6… – qui s'appelle Marion – et moi. Je m'entends vraiment bien avec …7… mais je ne m'entends pas toujours bien avec ma petite sœur. Je suis assez …8… et j'ai les cheveux …9… et les yeux …10… . Je suis assez …11… et généreuse. Par contre, je suis un peu …12… et très têtue! J'aime …13… et …14….

Juliette

FICHE D'INSCRIPTION

Emission: ELLE ET LUI

1 Tu t'appelles comment? ——————

2 Tu as quel âge? ——————

3 Tu habites où? ——————

4 C'est quand, ton anniversaire? ——————

5 Tu es comment? ——————
(apparence/personnalité)——————

6 Qu'est-ce que tu fais le soir?——————

2a Ecoutez les trois candidats. Recopiez et complétez une fiche d'inscription pour chacun.

2b Interviewez votre partenaire. Complétez une fiche pour lui/elle.

3a  Lisez les trois questions de Juliette. Ecoutez et notez les réponses de chaque candidat.

1 Je m'entends très bien avec ma mère. Et toi, avec qui est-ce que tu t'entends bien?

2 Pour être en forme, je fais du judo et de l'aérobic. Qu'est-ce que tu fais pour être en forme?

3 Mon repas préféré, c'est le steak-frites suivi d'une glace au chocolat. Qu'est-ce que tu aimes manger?

3b A vous de répondre aux trois questions de Juliette.

4  Ecoutez la fin de l'émission.
a Juliette choisit qui?
b Ils vont où?

une journée à la campagne

un week-end à Paris

trois jours à Athènes

5 A vous! Imaginez des destinations. Préparez des enveloppes. En groupe, jouez à *Elle et lui*.

Juliette s'entend bien avec son partenaire?
Comment se passe la visite?
A suivre! (voir page 84)

Ça se dit comme ça!

1a S  Ecoutez et répétez.
CH
un chien, une chaise, des cheveux

1b Dites vite trois fois.
Charles a un chien, un cheval et des cochons.

2a S  Ecoutez et répétez.
TH
le théâtre, Thomas, Athènes

2b Dites vite trois fois.
Thomas aime le thon, le thé et l'athlétisme.

3a S  Ecoutez et répétez.
R
regarde, romantique, rien

3b Dites vite trois fois.
Rebecca mange du riz au restaurant.

5

En voyage

- say what means of transport you use
- describe public transport in your area
- give an opinion about transport
- use *y* to mean 'there'

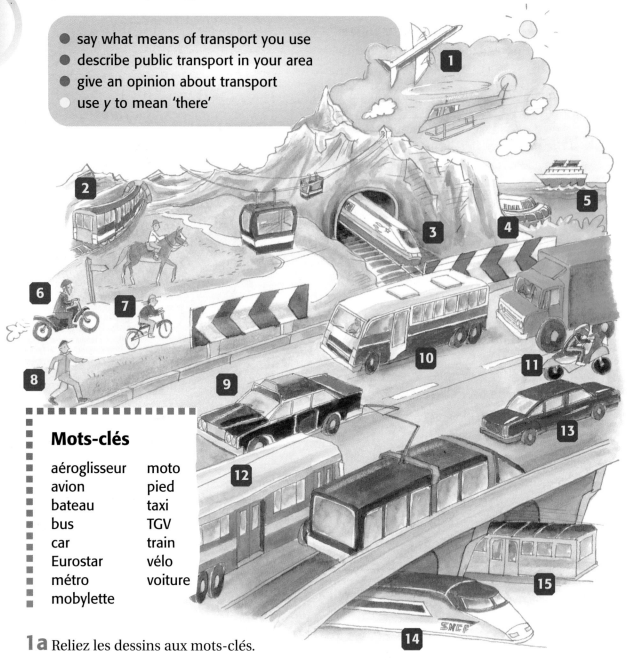

Mots-clés

aéroglisseur	moto
avion	pied
bateau	taxi
bus	TGV
car	train
Eurostar	vélo
métro	voiture
mobylette	

1a Reliez les dessins aux mots-clés.

1b 📖 Recopiez et complétez la grille, avec le dictionnaire.

le/l' m.	la/l' f.
taxi	voiture
avion	

Rappel

en + transport: en train, en voiture
Exception: **à** + pied/vélo/moto

2a 📼 Ecoutez. Recopiez et complétez les phrases.
Exemple Je vais en ville à moto.
a Je vais à l'école ......
b Je vais à la piscine ......
c Je vais au supermarché ......
d Je vais au club des jeunes ......
e Je vais chez mes copains ......
f Je vais chez mes grands-parents ......

2b Adaptez les phrases pour vous.

3a Devinez les moyens de transport dans ce pays francophone. Recopiez et complétez.
– Chez moi, au Québec, il y a le …1… et le …2…. On peut aussi prendre l'…3…. C'est pratique et ce n'est pas très cher.
– Comment est-ce que tu vas à l'école?
– L'école, ce n'est pas loin. J'y vais à …4…, à …5… ou en …6….

3b 🔊 Ecoutez pour vérifier.

Zoom grammaire: y

The pronoun *y* means 'there' and avoids repeating the name of a place.
Je vais à l'école à pied. J'y vais à pied.

204 ➡

4 👥 A pose les questions des expressions-clés. **B** adapte les réponses pour sa ville. Puis, changez de rôles.

Julien invite Sophie à Rennes. Il lui explique les transports.

A <u>Rennes</u>, il y a <u>le bus.</u> On peut aussi prendre <u>le métro</u>. Je n'aime pas <u>le métro</u>: c'est <u>rapide</u> mais <u>très cher</u>. Je préfère <u>le bus</u> parce que <u>c'est pratique</u> et <u>agréable</u>. Mon école est <u>assez loin</u>, alors j'y vais <u>en bus</u> ou <u>à vélo</u>.

Québec, Canada

Expressions-clés 🔊

Qu'est-ce qu'il y a comme transport en commun chez toi?
Il y a *le bus/le métro* …
On peut aussi prendre *le car.*

Comment est-ce que tu vas *à l'école/ en ville/chez tes copains?*
J'y vais *à pied/en bus.*

5a 🔊 Ecoutez et lisez la lettre de Julien (à gauche). Vrai ou faux?
a «*J'aime bien* prendre <u>le métro</u>.»
b «*Je pense que* c'est <u>long</u> en métro.»
c «*Je trouve que* le bus est <u>pratique</u>.»
d «*Je préfère* aller à l'école <u>en métro</u>.»

5b Adaptez les phrases **a–d** pour vous.
Exemple a – J'aime bien prendre le bus. Je pense que c'est cher en métro.

En plus … Ecrivez/Enregistrez un paragraphe sur les transports chez vous. Adaptez les expressions soulignées dans la lettre de Julien.
Exemple A Manchester, il y a le bus. On peut aussi prendre le tramway.

Transports en commun

5

- understand signs and notices
- ask for and give precise information about public transport
- cope when you don't know the word for something

A

B

C

D

1 🔊 Ecoutez et reliez les conversations-clés aux panneaux.

━━━━━━━━━━━━━━━━━━━━━━━━━━━━━━━

Conversations-clés 🔊 S🔊

1 A l'arrêt de bus
A: Il y a <u>un bus</u> pour aller <u>au centre-ville</u>, s'il vous plaît?
B: Oui, c'est <u>la ligne 2.</u>

2 A la station de métro
A: C'est *quelle station* pour <u>les Champs-Elysées</u>?
B: C'est <u>la station Champs-Elysées-Clemenceau.</u>

3 A la gare SNCF
A: Le <u>train</u> est direct?
B: Non, il faut changer <u>à Lille</u>.

4 A la gare routière
A: Il y a <u>un car</u> tous les combien?
B: <u>Trois fois par jour</u>.
A: Ça prend combien de temps?
B: <u>Une heure</u> environ.

2 👥 Adaptez les conversations-clés. Changez les mots soulignés par les éléments de la grille.
Exemple:
A: Il y a un métro pour aller au Louvre, s'il vous plaît?
B: Oui, c'est la ligne 1.

Partenaire A	Partenaire B
1 un métro … au Louvre	la ligne 1
un car … à Chantilly	la ligne 28
2 quel arrêt de bus … la Tour Eiffel	l'arrêt Champs de Mars
quelle gare … Rennes	la gare Montparnasse
3 métro	à Bastille
bus	à Place d'Italie
4 un bus	toutes les 10 minutes … 20 minutes
un métro	toutes les 2 minutes … un quart d'heure
un train	toutes les 2 heures … une demi-heure

3a 🔊 Vous êtes en France avec Simon, votre ami anglais. Ecoutez et parlez.

3b 🔊 Réécoutez. Notez les réponses et expliquez en anglais à Simon.

4 Reliez les photos aux phrases **a–f**.

a On peut acheter un billet de train dans un distributeur automatique.

b On peut acheter un 'carnet' de 10 tickets de bus ou métro.

c Il faut composter le ticket de bus et le billet de train.

d Il faut suivre ce panneau pour aller dans la rue.

e On peut trouver les heures des trains Paris–Londres dans ce dépliant.

f Il faut suivre ce panneau pour changer de train.

Rappel

il faut – *you must* on peut – *you can*

En plus ... 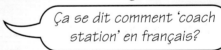 Ecoutez et choisissez.

1 The bus is **a** full. **b** the last one.

2 You **a** are buying a ticket.
   b think you've lost your ticket.

3 The train is **a** on time. **b** late.

4 You must **a** walk to town.
   b take the bus to town.

5 You should buy **a** a single ticket.
   b a book of tickets.

Guide pratique

What's the word?

What can you do when you need to ask for something but you can't remember or don't know the word for it?
For instance 'coach station'.

- Try explaining what you want using other words:

  > C'est pour les cars.
  > Les cars arrivent là.

- Try miming or drawing:

- Ask someone who knows English:

  > Ça se dit comment 'coach station' en français?

- If all else fails, use a dictionary. Choose the right word!

  statement *noun* déclaration F.

  station *noun* gare F; **the railway station** la gare; **the bus station** la gare routière; **the police station** le commissariat; **a radio station** une station de radio.

  stationer's *noun* papeterie F.

1 Have a go at asking for the following using the tips above.
   a a taxi rank
   b a train timetable
   c an underground map
   d a railway platform

A la gare

- find out departure and arrival times
- buy or book train tickets
- ask where facilities are in a station

See also *Encore!* page 170.

1 🔊 Ecoutez les cinq conversations. C'est où?
Exemple 1 – à côté des toilettes

2 👥 Regardez les symboles **a–f**. **A** pose la question. **B** répond. Puis, changez de rôles.
A: Où sont les téléphones, s'il vous plaît?
B: Là-bas, à droite.

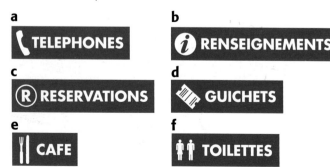

a 📞 TELEPHONES
b ⓘ RENSEIGNEMENTS
c Ⓡ RESERVATIONS
d 🎫 GUICHETS
e 🍴 CAFE
f 🚻 TOILETTES

Expressions-clés 🔊

Où est *le café*, s'il vous plaît?

Où sont *les toilettes*, s'il vous plaît?

Le prochain train pour *Paris* part à quelle heure?

Il arrive à quelle heure?

Je voudrais un aller simple/un aller-retour pour *Paris*, s'il vous plaît.

en seconde/première classe

C'est combien?

Le train pour *Paris* part de quel quai?

3a 👥 Jouez la conversation.

Voyageur: Le prochain train pour Dieppe part à quelle heure?
Employé(e): Il part à 21 h 45.
Voyageur: Il arrive à quelle heure?
Employé(e): Il arrive à 23 h 55.
Voyageur: Merci.

3b Regardez les dessins **a–c** et adaptez la conversation.
Exemple *a – Le prochain train pour Lille part à quelle heure?*
Il part à 21 h 00. …

4 📼 Ecoutez les cinq conversations. Recopiez et complétez la grille.

→	⇄	Classe	Départ	Quai	Prix
	✓	2	15 h 50	3	82€

5 👥 A est le voyageur/la voyageuse, B l'employé(e). Regardez les dessins et adaptez la conversation. Puis, changez de rôles.
Exemple:
A: Je voudrais un aller-retour pour Lyon en seconde classe, s'il vous plaît. C'est combien?
B: Alors, un aller-retour pour Lyon en seconde classe, c'est 70 euros. Voilà votre billet.
A: Merci.

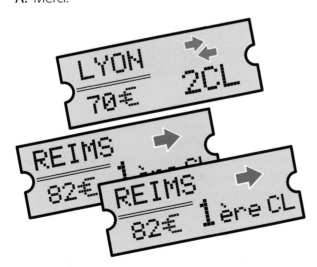

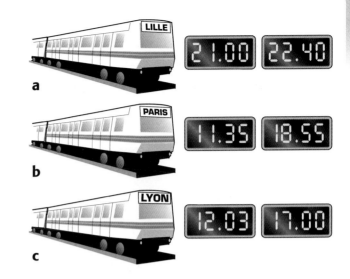

6 📼 Ecoutez. Notez les expressions pour compléter la conversation.
Exemple *1 – un aller-retour*

Voyageur: Je voudrais …1… en TGV pour Bruxelles. Il faut réserver?
Employé: Oui, il faut réserver. Quels trains voulez-vous prendre?
Voyageur: A l'aller, le train de …2… le 23 janvier et au retour, le train de …3… le 27 janvier.
Employé: Une place fumeurs ou non-fumeurs?
Voyageur: …4…, s'il vous plaît.
Employé: Une place côté fenêtre ou couloir?
Voyageur: …5…. Il y a une réduction pour les jeunes?
Employé: Oui, il y a un tarif jeunes. Alors, ça fait …6… euros, avec la réservation. Voilà votre billet.

En plus … 👥 Adaptez la conversation.

Jeunes globe-trotters

- say which countries you have been to and how you travelled
- use names of countries and nationalities

See also *En plus* …
page 186.

Idriss Rouabah:

«Je suis allé en Angleterre, en Allemagne et en Algérie.
Mon père est algérien et j'ai de la famille là-bas. Pour
aller en Algérie, je suis allé à Alicante, en Espagne, en
train. De là, j'ai pris le bateau pour Oran, en Algérie.
Après, j'ai pris le train pour Alger, la capitale algérienne.
Là, j'ai pris un autre train pour aller à Biskra, la ville de
mes grands-parents. C'était long, les trains algériens ont
souvent du retard! Mais c'était un super voyage.»

Jasmine Liu:

«Moi, je suis déjà allée en Angleterre, au Portugal et en
Chine. Je suis partie deux mois en Chine, dans la famille
de ma mère qui est chinoise. Quel voyage! D'abord, je
suis allée à Hong Kong en avion. J'ai visité l'île à pied. Et
pour aller au marché, j'ai pris un bateau chinois qui
s'appelle un sampan. Ensuite, j'ai voyagé en car et en
train. C'était super! La Chine est un très beau pays.»

Daniel Delbarre:

«Je ne suis jamais allé à l'étranger, sauf cet été aux Pays-Bas. J'y suis allé avec des copains. On est allés de Paris à Amsterdam en train et après, on a visité le pays à vélo et à pied. Les routes hollandaises sont super pour le vélo parce que c'est très plat! On est restés un mois et on est rentrés en France en train. Les Hollandais sont très très sympa ... et ils parlent très bien le français!»

1 🔘 Lisez et écoutez les textes. Faites une liste des pays et des nationalités mentionnés.

2 🔲 Recopiez et complètez ce tableau. Ajoutez d'autres pays et nationalités. Utilisez un dictionnaire. Qui a le tableau le plus long?

PAYS	EN ANGLAIS	NATIONALITE	
		(masculin)	(féminin)
l'Algérie (f)	Algeria	algérien	algérienne
la Chine	China		

217

3 Répondez aux questions des expressions-clés pour chaque personne.
Exemple Idriss: a – Je suis allé en Angleterre, en Allemagne et en Algérie. b – J'ai pris le train ...

Expressions-clés 🔘

a Dans quels pays es-tu déjà allé(e)?

Je suis allé(e)	en Angleterre.
	au Portugal.
	aux Pays-Bas.

Je ne suis jamais allé(e) à l'étranger.

b Comment as-tu voyagé?

| J'ai voyagé à | pied/vélo |
| en | car/voiture. |

| J'ai pris le | train/car/bateau |
| l' | avion. |

4 👥 A pose les questions et **B** répond. Puis, changez de rôles.
Exemple
A: Dans quels pays es-tu déjà allé(e)?
B: Je suis allé(e) en France. ...

5 🔘 **Micro-trottoir.** Ecoutez ces trois jeunes et notez les pays et les moyens de transport. Quelle est la destination la plus populaire?

(**En plus ...**) Vous avez fait un voyage extraordinaire! Inventez/Décrivez-le en 50 mots.

V comme vacances

- talk about holidays: where you go, with whom, for how long and what you normally do
- express your preferences

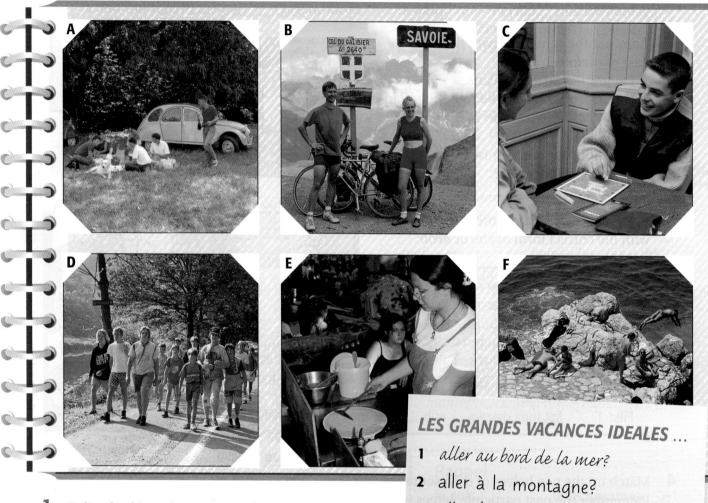

A · **B** SAVOIE · **C**

D · **E** · **F**

LES GRANDES VACANCES IDEALES ...
1 *aller au bord de la mer?*
2 aller à la montagne?
3 aller à la campagne?
4 faire un petit boulot d'été?
5 *rester à la maison?*
6 aller dans un camp de vacances?

1 Reliez les légendes **1–6** aux photos.

2a Ecoutez. C'est quelle photo?

2b Réécoutez. Complétez cette phrase pour chaque personne:
Pendant les vacances, j'aimerais … pour …
Exemple *Pendant les vacances, j'aimerais aller à la campagne pour faire du vélo.*

me reposer   retrouver les copains
faire du vélo   sortir   faire du tourisme
bronzer   gagner de l'argent
rencontrer des copains   faire du sport
faire des activités intéressantes

3 Discutez avec votre partenaire.
Exemple
A: Qu'est-ce que tu aimerais faire pendant les vacances?
B: J'aimerais aller au bord de la mer.
A: Pourquoi?
B: Pour bronzer! Et toi? Qu'est-ce que tu aimerais faire?

Sophie est en week-end chez Julien, à Rennes.
Ils répondent à un sondage sur les vacances.

SONDAGE   ADOS VACANCES

Pendant les vacances...

1. ... où vas-tu?
2. Avec qui?
3. Combien de temps?
4. Que fais-tu?
5. Quelles sont tes vacances idéales?

Sophie:

«En général, je reste à la maison avec ma mère, mon beau-père et mes demi-sœurs pendant un mois. Je fais un petit boulot: je travaille dans le restaurant de mon beau-père. Ce n'est pas marrant et c'est fatigant. Je préférerais aller dans un camp de vacances pendant toutes les vacances pour faire du sport ... et pour rencontrer des copains!»

Julien:

«En général, je vais pendant deux semaines chez mes grands-parents à la campagne avec mes parents. Là, je fais du tourisme et je me repose. C'est assez sympa mais je m'ennuie. Je préférerais aller dans un camp de vacances pendant toutes les vacances pour faire des activités intéressantes ... et rencontrer des copines!»

4a Lisez et complétez la fiche pour Sophie et Julien.
Exemple *Sophie: 1 – reste à la maison;*
2 – avec ma mère, ...

4b 🔊 Ecoutez pour vérifier.

5a 🔊 Ecoutez l'interview d'Aline et Luc. Prenez des notes et complétez leur fiche.
Exemple *Aline: 1 – au bord de la mer, ...*

5b 👥 Utilisez vos notes pour recréer l'interview d'Aline et de Luc.
Exemple
A: Aline, où vas-tu pendant les vacances?
B: Je vais au bord de la mer, ...

6a Ecrivez votre "portrait-vacances" (sans votre nom).
Exemple *Pendant les vacances, je ... . C'est ...*

6b On mélange et on lit les textes. La classe devine qui c'est.

Expressions-clés 🔊

1 Je vais à la campagne/à la montagne/au bord de la mer/dans un camp de vacances
Je reste à la maison ...

2 ... avec mes parents/des copains

3 ... pendant une semaine/un mois/toutes les vacances

4 Je fais un petit boulot/du tourisme/du sport
Je bronze/Je me repose

5 Je préférerais aller (à la mer, etc.) pour faire des activités intéressantes/gagner de l'argent/ retrouver des copains*/rencontrer des copains*

* Attention!
retrouver des copains – *to meet up with friends*
rencontrer des copains – *to make new friends*

Souvenirs de vacances

- describe a past holiday in detail and give your opinion
- describe the places you went to
- understand and use the imperfect tense

See also *Encore!* page 171.

Julien et Sophie échangent des souvenirs de vacances.

Sophie:

«Mes pires vacances, c'est quand je suis allée camper deux semaines à Toulon, dans le sud de la France, avec ma mère et mes demi-sœurs. Tout était cher, le camping était nul et il y avait beaucoup de vent! La région était jolie mais la voiture était toujours en panne et on n'a rien visité. Ma mère et mes demi-sœurs voulaient seulement aller à la plage et bronzer. Moi, je déteste ça et je me suis ennuyée. C'était nul!»

Julien:

«Mes meilleures vacances, c'est quand je suis allé en Inde avec mes parents pendant deux mois. C'était génial! On a pris l'avion pour Bombay et on est descendus dans le sud de l'Inde en car. C'était long et très inconfortable mais les gens étaient très sympa. Là, on a fait du tourisme en voiture: il y avait beaucoup de choses à voir: des temples, des villages, des paysages extraordinaires. Il faisait beau et tout était fascinant!»

1 🔊 Ecoutez et lisez. Trouvez:
  a trois moyens de transport
  b deux noms de ville
  c deux durées
  d deux descriptions du temps
  e trois activités de vacances

2 Adaptez les réponses des expressions-clés pour Sophie.
Exemple Je suis allée à Toulon.

3 🔊 Micro-trottoir. Ecoutez et notez les réponses des trois jeunes aux questions des expressions-clés.

4 👥 Interviewez votre partenaire sur ses meilleures/pires vacances. Puis, changez de rôles.

Expressions-clés 🔊

Les meilleures/Les pires vacances

Où es-tu allé(e)?	Je suis allé(e) *en Inde.*
Avec qui?	Avec *mes parents.*
Tu es resté(e) combien de temps?	Je suis resté(e) *un mois.*
Qu'est-ce que tu as fait?	J'ai (visité) *des temples.* Je suis allé(e) *à la plage.*
C'était comment?	C'était *fascinant.* Il faisait *beau.* Il y avait *beaucoup de choses à voir.* Je me suis ennuyé(e).

5a Lisez les impressions de vacances dans les expressions-clés **a–f**. C'est positif ou négatif?
Exemple   a – positif …

5b 🔊 Ecoutez pour vérifier.

5c Trouvez le contraire dans les textes de Julien et Sophie. Recopiez et complétez le tableau.

Expressions-clés	Contraire
a Le camping était génial	Le camping était nul

6 👥 Echangez vos impressions de vacances (positives ou négatives). Qui a le dernier mot?
Exemple

A: Je n'ai pas passé de bonnes vacances. Il ne faisait pas beau.
B: Moi non plus! Il ne faisait pas beau et les gens n'étaient pas sympa.
C: Il ne faisait pas beau, les gens n'étaient pas sympa et le camping était nul! …

Expressions-clés 🔊

Tu as passé de bonnes vacances?

Oui, de très bonnes vacances./Oui, géniales!

Non, pas vraiment/pas du tout.

a *Le camping était génial.*

b *Les gens n'étaient pas sympa.*

c Il n'y avait rien à voir.

d Je me suis bien amusé(e)!

e Ce n'était pas cher!

f *Il ne faisait pas beau.*

Zoom grammaire: *l'imparfait*

- The imperfect is the past tense you use:
  – to describe what something was like in the past
  – to give an opinion in the past

  Il faisait beau.   The weather was good.
  C'était super!   It was great.

- Perfect v imperfect
  Use the perfect to say what you did, and not how things were and how you felt.

  On a visité le musée. what you did = perfect

  Il n'y avait rien à voir. description = imperfect
  C'était nul! opinion

- To form the imperfect
  Take the *nous* part of the present tense, take off the *-ons*

  camper = nous camp~~ons~~ = camp-

  and add imperfect endings

je	-ais	nous	-ions
tu	-ais	vous	-iez
il/elle/on	-ait	ils/elles	-aient

208 One exception: *être > j'étais, tu étais, c'était*

1 Look at page 60. List all the examples of the imperfect tense you can find. Which examples describe what something was like? Which give an opinion?

2 Copy out this passage and choose the correct tense.

Cet été, *je suis allé/j'allais* en vacances chez mon correspondant à Londres. La ville *a été/était* très intéressante: il y *a eu/avait* beaucoup de choses à voir. *J'ai visité/Je visitais* Buckingham Palace. La visite *a été/était* chère. Un soir, on *a écouté/écoutait* de la musique dans Green Park. *Ça a été/C'était* super! J'adore le classique.

En plus …   Ecrivez vos souvenirs de vacances (environ 50 mots).

A l'hôtel

- ask about availability of a hotel room, facilities and cost
- book a hotel room
- write a letter of confirmation

See also *En plus* …
page 187.

Léo va en vacances en Tunisie avec son frère Marc. Il téléphone à l'hôtel Oasis à Tunis pour réserver.

HÔTEL OASIS

★ ★

34, RUE SIDI BEN AROUS
TUNIS
TEL. 27 00 97

1a Ecoutez et lisez la conversation-clé. Répétez après Léo.

1b Jouez la conversation-clé avec votre partenaire.

1c Réécoutez la conversation-clé et répondez pour Léo, livre fermé.

Conversation-clé S

B: Allô, Hôtel Oasis, j'écoute!

A: Bonjour. Vous avez une chambre de libre?

B: Pour combien de nuits?

A: Pour six nuits, du 15 au 20 juillet.

B: Pour combien de personnes?

A: Pour deux personnes.

B: Avec un grand lit ou des lits jumeaux?

A: Avec des lits jumeaux.
(Je voudrais aussi une chambre accessible aux handicapés. Je suis en fauteuil roulant.)

B: Alors, oui, nous avons ça.

A: Il y a des WC dans la chambre?

B: Oui, monsieur.

A: Il y a un ascenseur à l'hôtel?

B: Oui, monsieur.

A: La chambre coûte combien?

B: Alors, c'est une chambre à trente dinars*.

A: D'accord. C'est au nom de Lemercier, L E M E R C I E R.

B: D'accord, Monsieur Lemercier.

* le dinar: monnaie tunisienne

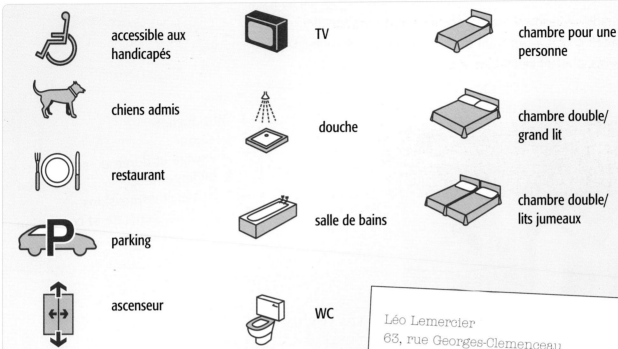

	accessible aux handicapés		TV		chambre pour une personne
	chiens admis		douche		chambre double/ grand lit
	restaurant		salle de bains		chambre double/ lits jumeaux
	parking				
	ascenseur		WC		

2a Ecoutez les quatre conversations. Recopiez et complétez la fiche.

Nom	personnes	chambre	nuits	dates	remarques
Bonnaire	2	gd lit	3	10–12 juin	chien

2b Quelles conversations ne se passent pas à l'hôtel Oasis?

2c Réécoutez. Qui dit: *Je ne prends pas la chambre?* Pourquoi?

3 Adaptez la conversation-clé: changez les mots soulignés avec les mots de la fiche (activité 2a).

Exemple

A: Bonjour. Vous avez une chambre de libre?
B: Pour combien de nuits?
A: Pour trois nuits, du 10 au 12 juin.
B: Pour combien de personnes?
A: Pour deux personnes. …

4 Recopiez et complétez la lettre de confirmation de Léo.

Léo Lemercier
63, rue Georges-Clemenceau
51100 Reims

Hôtel Oasis
34, rue Sidi Ben Arous
Tunis

Monsieur, Madame,

Je voudrais confirmer ma réservation: une chambre pour ...... personnes avec des ...... , douche et ...... , pour ...... nuits, du ...... au ...... juillet. Je voudrais une chambre accessible aux handicapés parce que je suis en fauteuil roulant. Il y a bien un ...... dans l'hôtel?

Je vous prie d'agréer, Monsieur, Madame, l'expression de mes meilleurs sentiments.

Léo Lemercier

En plus … M. Simon et Mme Daguin réservent à l'hôtel Oasis. Ecrivez leur lettre de confirmation.

M. Simon: 1 personne, une nuit (12 juin), douche + WC. TV?

Mme Daguin: 2 personnes et 1 bébé: 1 chambre avec grand lit + 1 lit pour bébé; avec douche et WC; 3 nuits: 15 – 17 août. Parking?

Dossier: Mon séjour en Tunisie

- read and understand an account of a past holiday
- write about a trip (real or imaginary) to a French-speaking country

Mon séjour en Tunisie, par Léo Lemercier

1 introduction
2 le séjour
  a voyage et durée du séjour
  b hébergement
  c visites et impressions
3 impression générale et conclusion

1 Cet été, je suis allé en Tunisie avec mon frère Marc. J'ai passé de très bonnes vacances.

2a Nous sommes partis le 15 juillet et nous sommes restés une semaine. Nous avons pris l'avion pour Tunis. C'était rapide: le vol a duré environ deux heures.

2b Nous sommes allés à l'hôtel Oasis. Il était vieux mais confortable. On avait une grande chambre avec douche. Le seul problème, c'est qu'il n'y avait pas de vue!

2c Nous avons visité la *médina* (la vieille ville) avec ses petites rues, les *souks* (les marchés arabes) et les mosquées. C'était super mais il y avait un peu trop de monde!
Nous avons aussi visité le musée du Bardo. Il y avait des collections de mosaïques romaines. Là, je me suis un peu ennuyé!
Par contre, j'ai adoré l'excursion en car à Sidi Bou Saïd, un petit village pittoresque à l'est de Tunis, et la visite du site historique de Carthage. C'était passionnant.
Nous avons pris le train pour aller à Hammamet, au bord de la mer. Je n'ai pas aimé cette excursion parce qu'il faisait trop chaud et je déteste aller à la plage.
Dans le train, j'ai discuté avec Karim, un Tunisien de mon âge. Il était vraiment sympa. Il habitait à Tunis et il nous a invités à manger chez lui. Sa mère a fait un repas tunisien, avec de la chorba, du couscous et du thé à la menthe. C'était très bon! Karim et ses frères parlaient français mais sa mère parlait seulement arabe. Maintenant, je sais dire au revoir en arabe: *Besslama!*

3 J'ai beaucoup aimé mon séjour en Tunisie et j'aimerais bien y retourner. J'ai trouvé les Tunisiens très sympa. Ce que j'ai préféré, c'est aller chez Karim!

1a 🔊 Lisez et écoutez.

1b 📖 Vous avez trois minutes pour chercher des mots dans le dictionnaire!

2 Donnez les réponses de Léo aux questions suivantes.
Exemple 1 – *Je suis allé en Tunisie.*
1 Où es-tu allé?
2 Avec qui?
3 Comment as-tu voyagé?
4 Combien de temps es-tu resté?
5 Comment étais-tu hébergé?
6 Qu'as-tu visité?
7 C'était comment?
8 Qu'est-ce que tu as préféré?

3 Notez tous les mots ou expressions positifs et tous les mots ou expressions négatifs.
Exemples + *de très bonnes vacances, c'était rapide*

– *le seul problème, c'est que/qu' … , il n'y avait pas de vue*

4 A vous de raconter un séjour.
a Prenez des notes pour répondre aux questions **1–8**.
b Notez tous les points positifs et négatifs.
c Lisez les conseils du Guide pratique.
d Ecrivez environ 300 mots.

Guide pratique

Adapting a text

When preparing a writing or speaking assignment, you can use ideas and expressions from texts, without copying word for word.

- Using ideas

1 Which ideas could you use from Léo's account? Make a list.
For example: what the journey was like; the good and bad points about the hotel, what the sightseeing was like, …

+	−
avion rapide	*hôtel: pas de vue*
hôtel confortable	

- Using words and expressions

2 Which words and expressions could you use from Léo's account? Make a list.
a key expressions when speaking about the past:

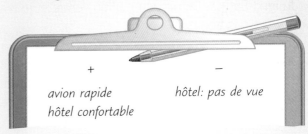

Je suis allé(e)/Nous sommes allé(e)s …
J'ai fait/passé …
J'ai/Nous avons visité …
C'était …
Il y avait …
Il faisait …

b useful link words:

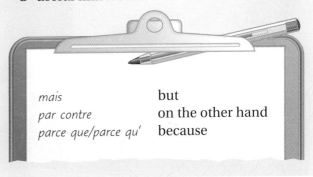

mais	but
par contre	on the other hand
parce que/parce qu'	because

Pause lecture 2

Copains, copines

🔲 Sophie est en week-end chez Julien à Rennes. Ils vont en ville. Ils rencontrent Carine, que* Julien n'a pas envie de voir!

Carine: Ah salut, Julien. Euh … salut!
Julien: Voici Sophie.
Carine: Salut! Moi, c'est Carine, la copine de Julien.
Sophie: Ah? La copine …? Ben … Bonjour.
Carine: On va boire quelque chose* au café?
Julien: Euh … non, je n'ai pas très soif.
Carine: On va manger quelque chose* au Quick?
Julien: Euh … J'ai un peu mal au ventre et je n'ai pas très faim.
Carine: On va se promener* quelque part*?
Julien: Euh … non, j'ai mal aux pieds.
Carine: Qu'est-ce que tu as, Julien? Tu es bizarre!
Julien: Ben … je ne me sens pas très bien. Bon, au revoir, Carine! Viens, Sophie! On va prendre le bus.

Sophie: Alors, Carine, c'est ta copine?!
Julien: Non, c'est quelqu'un* que* je n'aime plus du tout.
Sophie: Oui, mais elle a dit: «la copine de Julien.» Alors?
Julien: C'est vrai, c'était ma copine. Je suis sorti avec* elle pendant deux mois mais je me suis beaucoup ennuyé! Et toi, tu as un copain?
Sophie: J'avais un copain mais c'est fini. On n'avait rien en commun!* Alors, toi et Carine …?
Julien: C'est fini avec Carine! Mais dis, Sophie, tu es jalouse?
Sophie: Ben oui, un peu, je crois! …

*   que – *that* (see page 205)
    quelque chose – *something* (see page 206)
    se promener – *to go for a walk*
    quelque part – *somewhere* (see page 206)
    quelqu'un – *somebody* (see page 206)
    sortir avec – *to go out with*
    on n'avait rien en commun – *we had nothing in common*

1 🔊 Lisez et écoutez *Copains, copines.*

2 Choisissez la bonne réponse.
1 Qui est Carine?
a une fille que Sophie connaît.
b une fille que Julien connaît.

2 Qu'est-ce que Carine veut faire?
a Elle veut aller quelque part avec Julien.
b Elle veut prendre le bus.

3 Pourquoi Julien ne veut-il pas sortir avec Carine?
a Il est très malade.
b Il n'aime pas Carine.

4 Qui est Carine?
a C'est la copine de Julien.
b C'était la copine de Julien.

5 Pourquoi est-ce fini avec Carine?
a Elle est partie pendant deux mois.
b Julien s'est ennuyé avec elle.

6 Pourquoi est-ce fini entre Sophie et son copain?
a Ils n'avaient rien en commun.
b Il est parti avec Carine.

7 Pourquoi Sophie est-elle un peu jalouse?
a Elle aime beaucoup Julien.
b Elle voudrait avoir un copain.

En plus... Résumez l'histoire en environ 80 mots. Utilisez vos réponses (à l'activité 2) pour vous aider.
Exemple Sophie et Julien vont en ville. Ils rencontrent Carine, une fille que…

3 🔊 Ecoutez et lisez la chanson.

4 Reliez les titres aux strophes.
a Des vacances à l'armée!
b Je n'ai pas le temps de me reposer!
c C'est dur d'être lycéen!

5 Choisissez une strophe et résumez-la en anglais.

🔊 ***Lettre aux parents***

1 Tous les matins, je prends le métro.
Il est huit heures, pour moi c'est trop tôt.
J'ai froid, j'ai faim, je me sens pas bien,
Aller en cours, ça ne me dit rien,
C'est pas une vie, la vie d'ado!
Je rentre du lycée, il est très tard,
Pourtant vous me dites: «Fais tes devoirs!
Voilà des verbes irréguliers
A mettre au passé composé.»
C'est pas une vie, la vie d'ado!

Refrain
Laissez-moi dormir, laissez-moi buller,*
Laissez-moi sortir, laissez-moi rêver,
Laissez-moi prendre le temps qu'il faut
Pour être bien … dans ma peau!*

2 Tous les week-ends à la maison,
C'est comme courir un marathon –
Devoirs, ménage, petit boulot,
Piscine, tennis, cours de judo –
C'est pas une vie, la vie d'ado!
Je n'ai jamais la permission
De regarder la télévision.
Je vous entends dire: «Allez, allez!
Tu perds ton temps à rêvasser*!»
C'est pas une vie, la vie d'ado!

Refrain

3 Les grandes vacances, ça, c'est l'enfer,
A la montagne ou à la mer.
Pas question de bronzer idiot –
Vous m'envoyez dans une colo* –
C'est pas une vie, la vie d'ado!
Comme à l'armée, on se lève tôt,
On marche à pied, le sac au dos,
On campe, il pleut, c'est pas marrant –
J'ai de bons copains, heureusement!
C'est pas une vie, la vie d'ado!

Refrain

---

* buller – *to laze around*
être bien dans ma peau – *to feel great*

rêvasser – *to daydream*
une colo = une colonie de vacances – *a summer camp*

A l'écran

- say what kinds of TV programme you like
- ask for and give information about TV programmes

See also *Encore!* page 172.

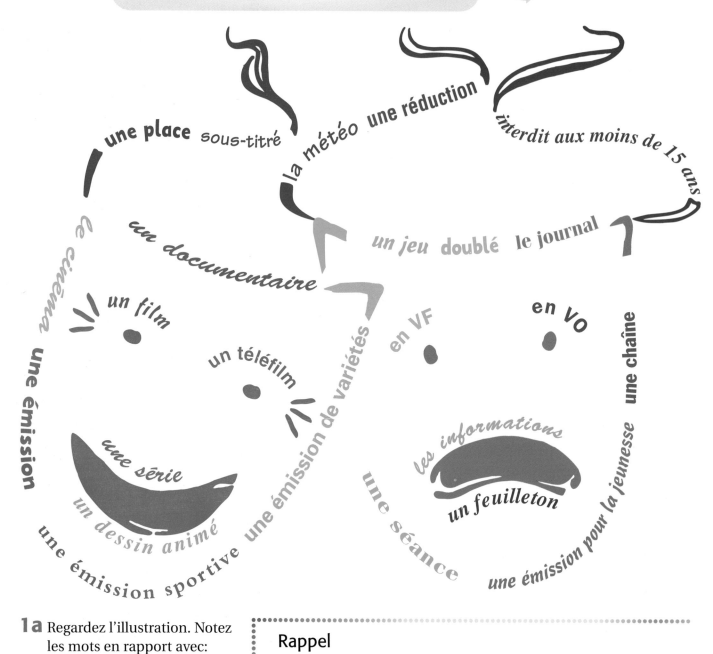

une place   sous-titré   la météo   une réduction   interdit aux moins de 15 ans

le cinéma   un documentaire   un jeu   doublé   le journal

un film   en VF   en VO   une chaîne

une émission   un téléfilm   une émission de variétés

une série   les informations   un feuilleton

un dessin animé   une séance

une émission sportive   une émission pour la jeunesse

1a Regardez l'illustration. Notez les mots en rapport avec:
  a la télé.
  b le cinéma.

1b 📼 Ecoutez pour vérifier.

2 Faites la liste des 11 genres d'émission de télé.
  Exemple *un feuilleton, un dessin animé, …*

Rappel

J'aime le/la/les …

☺ J'aime bien

☺☺ J'aime beaucoup

☺☺☺ J'adore

Je n'aime pas le/la/les …

☹ Je n'aime pas beaucoup

☹☹ Je n'aime pas du tout

☹☹☹ Je déteste

Mon jeu préféré, c'est …
Je préfère le/la/les …
Ma série préférée, c'est …

TELEVISION

mardi 18 juillet

TF1
18.00 : LES NOUVELLES FILLES D'A COTE (5925)
Série française : « Le minitel ».
18.30 : K 2000 (63166)
Série américaine : « Bactéries ».
19.20 : EXTREME LIMITE (7850692)
Série française : « L'amour à nu ».
20.00 : JOURNAL (32859)
Résultats des courses – La minute hippique – Météo.
20.45 : CINEMA (169760)
Les professionnels
Film américain (1966) de Richard Brooks. Durée 1 h. 57. Avec Burt Lancaster (Bill), Claudia Cardinale (Maria), Lee Marvin (Henry), Robert Ryan (Hans), Jack Palance (Jésus).

France 2
18.25 : SAUVES PAR LE GONG (3095741)
Série américaine : « Un week-end à la campagne ».
18.50 : UN HOMME A DOMICILE (27147)
Série française : « Rollers ».
19.20 : QUE LE MEILLEUR GAGNE (7858234)
Jeu animé par Nagui.
20.00 : JOURNAL (48418)
Présenté par Etienne Leenhardt.
Météo – Point route.
20.50 : CINEMA (726079)
L'hôtel de la plage
Film français (1977) de Michel Lang. Durée 1 h 45. Avec Daniel Ceccaldi (Euloge), Guy Marchand (Hubert), Myriam Boyer (Aline), Martine Sarcey (Elisabeth), Michel Robin (Léonce).

France 3
18.20 : QUESTIONS POUR UN CHAMPION (3090296)
Jeu animé par Julien Lepers.
18.45 : METEO DES PLAGES (6615470)
18.55 : « 19/20 » (8340234)
Présenté par Elise Lucet. Suivi du Journal régional – Météo.
20.05 : FA, SI, LA... CHANTER (523708)
Jeu animé par Pascal Brunner.
20.30 : TOUT LE SPORT (92234)
Magazine présenté par Gérard Holtz.
20.55 : DIVERTISSEMENT (5178447)
L'humour au féminin. Sketches interprétés par des humoristes sur la scène de Montreux.
Présenté par Pascal Sanchez. Elie Kakou, Sylvie Joly, Roland Magdane, Les Frères Taloche, Anthony Kavanagh.

C+
18.35 : LES SIMPSON (6809321)
Dessin animé.
19.00 : BEST OF NULLE PART AILLEURS (626234)
1ère partie : divertissement animé par Jérôme Bonaldi.
2ème partie : Philippe Gildas et Antoine de Caunes.
20.05 : FLASH INFOS (5037876)
20.15 : FOOTBALL (7495944)
Bastia/PSG. Présentation du match, les joueurs.
20.30 : FOOTBALL (7206031)
Bastia/PSG, en direct, commenté par Charles Biétry.

La Cinquième et Arte
18.25 : BALADES EN FRANCE (9228128)
18.30 : LE MONDE DES ANIMAUX (5555)
18.57 : LE JOURNAL DU TEMPS (22621)
19.00 : CONFETTI (4166)
Magazine présenté par Alex Taylor et Annette Gerlach.
19.30 : LA GALICIE, VOUS CONNAISSEZ ? (4760)
Documentaire allemand de Jutta Szostak.
20.30 : JOURNAL (64963)
20.40 : MAGAZINE (509005)
Transit. Reportages sur le thème : « Vivre son handicap ».

M6
18.00 : SONNY SPOON
19.00 : DOCTEUR QUINN, FEMME MEDECIN
Série américaine.
19.54 : FLASH INFOS
20.00 : MADAME EST SERVIE
Série américaine : « Le choix ».
20.35 : TOUR DE FRANCE A LA VOILE
Evénement sportif.
20.45 : TELEFILM
La planète des singes (3/5)
Avec Roddy McDowall (Galen), Ron Harper (Virdon), James Naughton (Burke), Booth Coleman (Zaïus), Mark Leonard (Urko).

3 👥 Devinez les six genres d'émissions de télé préférés de votre partenaire. Posez des questions.
Exemple
A: Est-ce que tu aimes les séries?
B: Oui, j'aime bien les séries.
A: Est-ce que tu aimes les dessins animés?
B: Non, …

4a 📼 Regardez le programme télé. Ecoutez les six conversations et devinez le genre des émissions.
Exemple 1 – C'est une série (française).

4b 📼 Ecoutez pour vérifier.

4c 📼 Réécoutez et cochez: (✓ = aime, ✗ = n'aime pas.
Exemple 1 – ✗

5 👥 A choisit une émission en secret. B pose les questions des expressions-clés pour deviner. Puis, changez de rôles.
Exemple
B: Qu'est-ce que c'est comme émission?
A: C'est un feuilleton.
B: C'est *Eastenders*?
A: Non.
B: C'est sur quelle chaîne? …

Les jeunes Français passent entre deux et trois heures par jour devant la télé (environ 900 heures par an contre 800 heures à l'école!).

Expressions-clés 📼

Qu'est-ce que c'est comme émission?	C'est *une émission sportive*.
C'est sur quelle chaîne?	C'est sur *TF1*.
C'est quel jour?	C'est le *mardi*.
C'est à quelle heure?	C'est à *vingt heures*.

En plus ... Présentez vos cinq émissions préférées.
Exemple Mon émission préférée, c'est "Robot Wars". C'est sur BBC2, le vendredi à 18 h 45. C'est super parce que j'adore les robots.

Ciné-passion

- find out and say what's on at the cinema and what sort of film it is
- find out the cost of seats and start/finish times

Comme petit boulot, j'ai travaillé au Macdo et j'ai fait du baby-sitting. Maintenant, je travaille au Ciné-Club. C'est moins fatigant que le Macdo et plus intéressant que le baby-sitting! Je vois beaucoup de films! Le cinéma, c'est ma passion!

Expressions-clés 🔊

Qu'est-ce qu'on passe comme film?
On passe *un film de science-fiction.*
Qu'est-ce que c'est comme film?
C'est *Blade Runner.*

1a 🔊 Ecoutez Julien et Sophie. Notez le genre des films au Ciné-club cette semaine (regardez les expressions-clés).
Exemple e, …

1b 🔊 Réécoutez et notez ce que Sophie aime et ce qu'elle n'aime pas.
Exemple e – ☹

2a 🔊 Ecoutez le répondeur du cinéma Gaumont. Notez le genre des films et le numéro de salle.
Exemple salle 1 – une comédie

2b 🔊 Réécoutez. Choisissez trois films pour Sophie. Donnez le numéro des salles.

3 👥 A imagine un programme (trois films) pour un cinéma. B pose des questions et donne son opinion. Puis, changez de rôles.
Exemple
B: Qu'est-ce qu'on passe comme film en ce moment?
A: On passe *Scream.*
B: Qu'est-ce que c'est comme film?
A: C'est un film d'horreur, un grand classique!
B: Beurk! Je déteste les films d'horreur. …

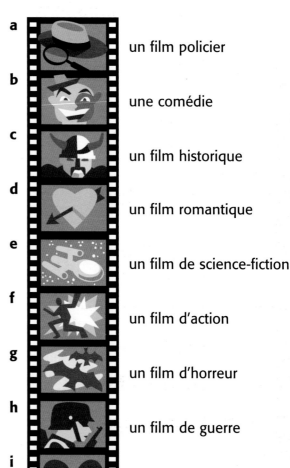

a un film policier
b une comédie
c un film historique
d un film romantique
e un film de science-fiction
f un film d'action
g un film d'horreur
h un film de guerre
i un dessin animé

CINÉ-CLUB

Programme du 3 au 9 juin
La séance commence par le film

lundi/mardi

18 h 30 **Forrest Gump**
(2 h 20)
VO / sous-titrée

21 h 30 **Blade Runner**
(1 h 56)
VF / Interdit aux moins de 12 ans

mercredi

15 h 00 **Les 101 Dalmatiens**
(1 h 15)

19 h 00 **La Reine Margot**
(2 h 39)

21 h 45 **Le jour le plus long**
(1 h 69)

jeudi/vendredi

18 h 30 **Forrest Gump**
VF

21 h 30 **Blade Runner**
VO sous-titrée /
Interdit aux moins de 12 ans

samedi/dimanche

16 h 00 **Les 101 Dalmatiens**

18 h 15 **La Reine Margot**

21 h 00 **Le jour le plus long**

Le Ciné-club
15, rue Kergoual,
35 000 Rennes
Tel: 02 99 78 65 78 54

Tarif: 9€
Réduction: moins de 18 ans
et étudiants: 7€

---

4 Lisez le programme. Quelle séance choisir pour voir …
a Blade Runner en français?
b Forrest Gump en anglais?

5 🔊 Regardez le programme. Ecoutez bien les quatre conversations de Julien.
a C'est quel film?
b C'est quel jour?

6 🔊 Vous voulez une place pour *Blade Runner* en anglais, vendredi soir. Ecoutez et répondez aux questions de Julien.

Conversation-clé S🔊

A: Une place pour *Blade Runner*. Ça fait combien, s'il vous plaît?
B: Ça fait 9€.
A: Il y a des réductions pour les jeunes?
B: Oui, c'est 7€ pour les étudiants et les moins de 18 ans.
A: Ça commence à quelle heure?
B: A *21 h 30*.
A: Ça finit à quelle heure?
B: Vers *23 h 30*.
A: C'est en version française ou en version originale?
B: C'est en *VO*.

7a 🔊 Ecoutez la conversation-clé et répétez les questions.

7b 👥 Adaptez la conversation-clé: **A** choisit un jour et un film et achète une place. **B** joue le rôle de Julien. Puis, changez de rôles.

7c Ecrivez votre conversation.

Tu as aimé le film?

- discuss films that you've seen
- make a comparison

See also *En plus* …
page 188.

CINÉMA GAUMONT

Salle 1: Johnny Stecchino
Salle 2: Titanic
Salle 3: Robocop
Salle 4: Platoon
Salle 5: Braveheart
Salle 6: Seven
Salle 8: Freddy 3

super trop violent marrant excellent nul
pas mal long décevant génial/géniaux intéressant

1 Lisez les mots. Faites deux listes:
a les opinions positives.
b les opinions négatives.

2a Ecoutez les réactions de cinq spectateurs. Recopiez et complétez la grille.

Film	Titanic
Opinion	pas mal
… histoire?	–
… acteurs?	décevants
… effets spéciaux?	géniaux

2b Regardez la grille et faites des phrases.
Exemple 1 – "Titanic", ce n'était pas mal. Les effets spéciaux étaient géniaux mais les acteurs étaient décevants.

Rappel
Attention aux adjectifs!

	sing.	pluriel
masc.	génial	gén**iaux**
fém.	géniale	génia**les**

Il/Elle était …
Ils/Elles étai**ent** …

Expressions-clés

Qu'est-ce que tu as vu comme film récemment?
Tu as vu *Star Wars*?
Tu as aimé?

J'ai vu …
C'était/Ce n'était pas *super*.
L'histoire était/n'était pas *intéressante*.
Les acteurs étaient/n'étaient pas *excellents*.
Les effets étaient/n'étaient pas *géniaux*.

3 Micro-trottoir. *Qu'est-ce que tu as vu comme film récemment?* Ecoutez les trois interviews. Recopiez et complétez la grille de l'activité 2a pour chaque personne.

4a Lisez et écoutez la conversation.

A: Qu'est-ce que tu as vu comme film récemment? Tu as vu *Star Wars*?
B: Oui, j'ai vu *Star Wars*.
A: Tu as aimé?
B: Oui, c'était super!
A: Oh non, ce n'était pas super!
B: L'histoire était intéressante.
A: Ah non, l'histoire n'était pas intéressante!
B: Les acteurs étaient excellents.
A: Non, ils n'étaient pas excellents, ils étaient nuls.
B: Les effets étaient géniaux.
A: Oh là là, non … les effets n'étaient pas géniaux.

4b Jouez la conversation avec un(e) partenaire.

4c Adaptez la conversation à d'autres films. Vous n'êtes jamais d'accord avec votre partenaire.

Julien écrit une lettre à sa correspondante.

Moi, comme films, j'adore la science-fiction. Récemment, j'ai vu *2001, l'Odyssée de l'espace.* J'ai beaucoup aimé. C'était génial! Pour moi, c'est le meilleur film de science-fiction. Les effets spéciaux sont moins sophistiqués que les effets dans *Independence Day*, par exemple, mais l'histoire est plus intéressante et les acteurs sont aussi bons. Je pense que c'est le plus grand classique de science-fiction.

Et toi, qu'est-ce que tu aimes comme films? Qu'est-ce que tu as vu récemment? Quels sont tes films préférés? Pourquoi?

5 Lisez la lettre de Julien. Vrai ou faux?

  a Julien n'aime pas du tout les films de science-fiction.

  b Il préfère *Independence Day* à *2001, l'Odyssée de l'espace.*

  c Il préfère les effets spéciaux dans *Independence Day.*

  d Il préfère l'histoire de *2001.*

  e Il aime bien les acteurs dans les deux films.

En plus … Ecrivez une réponse aux questions de Julien.

Zoom grammaire: *le comparatif et le superlatif*

- To compare people or things, you use:

$$\left.\begin{array}{l} \textit{plus (more)} \\ \textit{aussi (as)} \\ \textit{moins (less)} \end{array}\right\} \text{+ adjective +} \textit{que} \text{ (than) +} \\ \text{person or thing}$$

*Le film "Batman" est **plus marrant que** "Superman".*
The film *Batman* is **funnier than** *Superman*.

1 Find three examples of comparatives in Julien's letter.

- To say 'the least' or 'the most', you use:

$$\textit{le/la/les} \text{ +} \left\{\begin{array}{l} \textit{moins} \\ \textit{plus} \end{array}\right\} \text{+ adjective}$$

*Pour moi, le film **le plus marrant**, c'est "Batman".*
For me *Batman* is **the funniest** film.

- One common exception: *bon* (good)

*C'est un **bon** film.*	It's a **good** film.
*Il est **meilleur** que les autres.*	It is **better** than the rest.
*C'est **le meilleur**!*	It's **the best!**

2 Find two examples of superlatives in Julien's letter.

3 What do you think? Copy out these sentences and complete with *plus, moins,* or *aussi.*

  a Les films de science-fiction sont …… intéressants que les films d'action.

  b Les films policiers sont …… violents que les films d'horreur.

  c Les films romantiques sont …… marrants que les comédies.

4 Copy out and complete these sentences giving your own opinion.

  a Pour moi, la plus belle actrice, c'est …….

  b Je pense que le meilleur film, c'est ……

  c Je pense que la meilleure histoire, c'est ……

  d Pour moi, le film le plus marrant, c'est ……

En plus … Make your own comparisons between films or between TV programmes.

201

Les grands magasins

- find out about opening and closing times
- find goods in a department store
- understand information about special offers

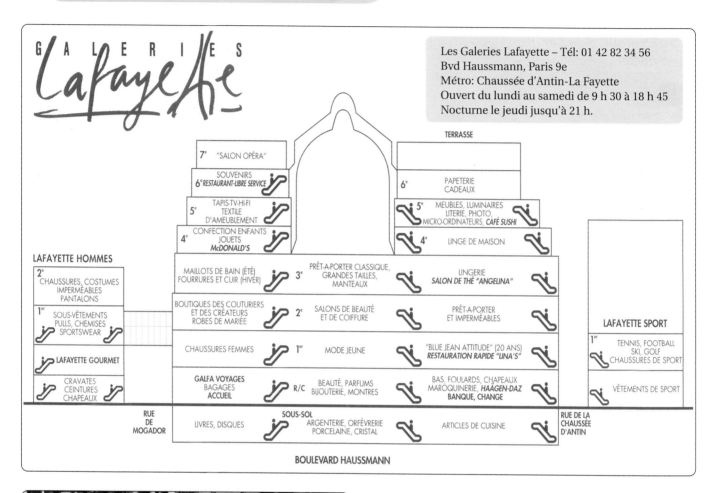

GALERIES Lafayette

Les Galeries Lafayette – Tél: 01 42 82 34 56
Bvd Haussmann, Paris 9e
Métro: Chaussée d'Antin-La Fayette
Ouvert du lundi au samedi de 9 h 30 à 18 h 45
Nocturne le jeudi jusqu'à 21 h.

TERRASSE

7e "SALON OPÉRA"

6e SOUVENIRS
RESTAURANT-LIBRE SERVICE

6e PAPETERIE
CADEAUX

5e TAPIS-TV-HI-FI
TEXTILE
D'AMEUBLEMENT

5e MEUBLES, LUMINAIRES
LITERIE, PHOTO,
MICRO-ORDINATEURS, CAFÉ SUSHI

4e CONFECTION ENFANTS
JOUETS
McDONALD'S

4e LINGE DE MAISON

LAFAYETTE HOMMES

2e CHAUSSURES, COSTUMES
IMPERMÉABLES
PANTALONS

1er SOUS-VÊTEMENTS
PULLS, CHEMISES
SPORTSWEAR

3e MAILLOTS DE BAIN (ÉTÉ)
FOURRURES ET CUIR (HIVER)

3e PRÊT-A-PORTER CLASSIQUE,
GRANDES TAILLES,
MANTEAUX

LINGERIE
SALON DE THÉ "ANGELINA"

2e BOUTIQUES DES COUTURIERS
ET DES CRÉATEURS
ROBES DE MARIÉE

2e SALONS DE BEAUTÉ
ET DE COIFFURE

PRÊT-A-PORTER
ET IMPERMÉABLES

LAFAYETTE SPORT

1er CHAUSSURES FEMMES

1er MODE JEUNE

"BLUE JEAN ATTITUDE" (20 ANS)
RESTAURATION RAPIDE "LINA'S"

1er TENNIS, FOOTBALL
SKI, GOLF
CHAUSSURES DE SPORT

LAFAYETTE GOURMET

GALFA VOYAGES
BAGAGES
ACCUEIL

R/C BEAUTÉ, PARFUMS
BIJOUTERIE, MONTRES

BAS, FOULARDS, CHAPEAUX
MAROQUINERIE, HAAGEN-DAZ
BANQUE, CHANGE

VÊTEMENTS DE SPORT

CRAVATES
CEINTURES
CHAPEAUX

RUE
DE
MOGADOR

SOUS-SOL
LIVRES, DISQUES

ARGENTERIE, ORFÈVRERIE
PORCELAINE, CRISTAL

ARTICLES DE CUISINE

RUE DE LA
CHAUSSÉE
D'ANTIN

BOULEVARD HAUSSMANN

1a Lisez le document.

1b 🔊 Ecoutez. On parle des heures d'ouverture. Qui a raison, le garçon ou la fille?

1c 👥 Posez les questions des expressions-clés à votre partenaire.
A: Les Galeries, ça ferme à quelle heure le jeudi?
B: A 21 h.

Expressions-clés 🔊

Ça ouvre à quelle heure?
Ça ferme à quelle heure?
Ça ouvre le dimanche?

2 🔲 Regardez le plan (page 82) et trouvez l'anglais pour chaque rayon. Devinez avant de chercher dans le dictionnaire!
Exemple le prêt-à-porter – ready-to-wear clothes

3a 🔲 Regardez le plan et écoutez les quatre conversations. A quel rayon vont-ils?
Exemple Numéro 1 – rayon disques

3b 🔲 Ecoutez pour vérifier.

4 👥 A pose des questions, B répond. Puis, changez de rôles.
Exemple
A: C'est où, les jeans/le rayon jean?
B: C'est au premier étage. C'est à droite du rayon mode jeune.

En plus ... Regardez le plan et écrivez des directions.
Exemple Le rayon prêt-à-porter, c'est au deuxième étage, à droite.

5 🔲 Ecoutez les annonces **a–d** aux Galeries Lafayette. Répondez aux questions en anglais.
a What discount do they offer on suits?
b Between what times is there a 10% discount on teenage fashion?
c What do you need to buy to get another one free?
d How long is the offer on leather goods on for?

6 🔲 Ecoutez les annonces dans un supermarché. Regardez les photos **A–E**. C'est quelle offre?
Exemple 1 – A

7 Mettez les étiquettes en anglais sur le bon produit.
1 0,60€ discount at the till
2 small size free
3 75ml shaving foam free
4 + 1 extra slice
5 20% extra free

Expressions-clés 🔲

C'est où,	le rayon souvenirs	
	les jouets,	s'il vous plaît?
C'est	au sous-sol.	
	au rez-de-chaussée.	
	au premier étage.	
C'est	à droite de …	
	à gauche de …	
	à côté de …	

Vous sortez, vous traversez la rue/le pont,
Vous allez tout droit.

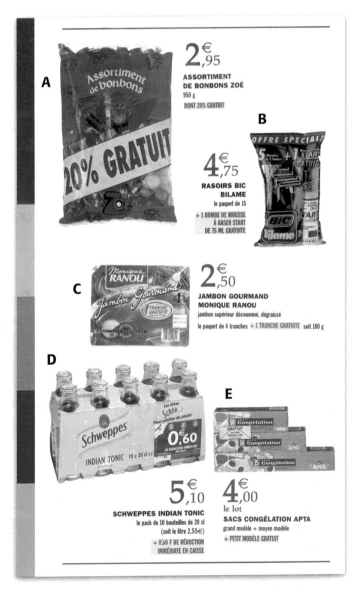

Au travail

See also *Encore!* page 175.

- talk about part-time jobs
- use the imperfect to say 'I used to ... '

1a 📼 Trouvez une expression-clé pour chaque dessin.
Exemple   1 – b

1b 👥 A choisit une expression-clé. B donne le numéro du dessin. Puis, changez de rôles.
Exemple
A: Pour gagner de l'argent, j'ai fait du baby-sitting.
B: Dessin 2.
A: Oui!

2 📼 Ecoutez Sophie et ses six camarades de classe. Ils ont fait quel petit boulot?
Exemple   1 – g

Expressions-clés 📼

L'été dernier, pour gagner de l'argent:

- **a** j'ai fait du baby-sitting.
- **b** j'ai travaillé dans un magasin.
- **c** j'ai travaillé dans un bureau.
- **d** j'ai fait du jardinage.
- **e** j'ai travaillé dans une station-service.
- **f** j'ai vendu des glaces.
- **g** j'ai travaillé dans un restaurant.
- **h** j'ai distribué des prospectus.

3 Lisez et écoutez l'expérience de Nicolas. Recopiez et complétez la grille pour lui.

Travail (où?)
Durée
Horaires
Salaire
Avantages
Inconvénients

Cet été, j'ai trouvé un emploi dans une station-service. J'ai travaillé pendant quatre semaines.

Je lavais les voitures et j'aidais les clients. Je commençais à huit heures le matin et je finissais à cinq heures le soir. Je gagnais 55 euros par jour. C'était bien payé. Par contre, c'était fatigant et la journée était longue.

Expressions-clés

Tu as déjà travaillé?
Non, je n'ai jamais travaillé.
Oui, l'été dernier, pour gagner de l'argent, j'ai distribué des prospectus.

Tu as travaillé où?
J'ai travaillé dans une station-service.

Pendant combien de temps?
J'ai travaillé pendant un mois.

Tu commençais à quelle heure?
Je commençais à huit heures le matin.

Tu finissais à quelle heure?
Je finissais à six heures le soir.

Qu'est-ce que tu faisais?
Je lavais les voitures.

Tu gagnais combien?
Je gagnais sept euros de l'heure.

C'était comment?
C'était intéressant/bien payé/fatigant.

Zoom grammaire: *l'imparfait*

To describe a regular action in the past, use *the imperfect tense.*

Nicolas says *Je lavais des voitures – I used to wash cars –* because he did it every day.

208

4a Décrivez les jobs de Clément et de Catherine. Adaptez le texte de Nicolas (activité 3):
 a recopiez les mots en orange.
 b utilisez les détails de la grille pour adapter les mots en vert.
 Exemple J'ai trouvé un emploi dans un supermarché. J'ai travaillé pendant six semaines. …

	Clément	Catherine
Travail (où?)	supermarché	café
Durée	six semaines	un mois
Travail (quoi?)	regarnir les rayons	servir les clients
Horaires	10 h 30 à 18 h	16 h à 19 h
Salaire	32€ par jour	75€ par semaine
Points forts	bien payé	intéressant
Points faibles	ennuyeux	fatigant

4b Ecoutez pour vérifier.

5a Vous avez eu un job ou fait un stage en entreprise? Si oui, recopiez et complétez une grille. Si non, recopiez la grille et inventez.

5b Interviewez votre partenaire sur un job qu'il/elle a eu. Posez les questions des expressions-clés.

En plus … Vous avez un job le week-end ou avant ou après l'école?
Faites une description (60 mots environ).

 Il faut utiliser le présent. Relisez le *Zoom grammaire*, pages 26 et 27.

Quel est votre métier?

- understand the names of a range of occupations
- give the occupations of members of your family

1 🖥️ Reliez les professions aux définitions. (Utilisez un dictionnaire si vous voulez.)

a Il/Elle vend des fleurs.
b Il/Elle travaille dans une ferme.
c Il/Elle travaille à la caisse d'un supermarché, par exemple.
d Il/Elle n'a pas de travail.
e Il/Elle répare les installations électriques.
f Il/Elle travaille pour un journal.
g Il/Elle soigne les malades, dans un hôpital, par exemple.
h Il/Elle sert les clients dans un restaurant.
i Il/Elle distribue le courrier.
j Il/Elle fait la cuisine.
k Il/Elle conduit un camion.
l Il/Elle arrête les voleurs.

Mini-infos

A quel âge peut-on travailler en France?
- Certains jobs dans l'agriculture, à partir de 12 ans.
- Jobs d'été, à partir de 14 ans (mais on ne peut pas travailler plus de la moitié des vacances scolaires).
- Un emploi permanent à plein temps, à partir de 16 ans.

1 un agriculteur/une agricultrice
2 un/une fleuriste
3 un/une journaliste
4 un agent de police
5 un caissier/une caissière
6 un cuisinier/une cuisinière
7 un chauffeur routier
8 un infirmier/une infirmière
9 un facteur/une factrice
10 un serveur/une serveuse
11 un électricien/une électricienne
12 un chômeur/une chômeuse

2 📼 Ecoutez et répétez la prononciation de chaque métier.

3 📼 Ecoutez et notez les douze professions dans l'ordre mentionné.
Exemple 8, 11, …

4 Lisez la lettre de Nabila et prenez des notes en anglais pour chaque membre de sa famille:

a leur métier?

b travaille où?

c aime leur travail?

(+ raisons)

Exemple Her mother is a cashier. She works in a big supermarket. She finds the work a bit boring.

Ma mère est caissière dans un grand supermarché. Elle travaille à mi-temps. Elle trouve ce travail un peu ennuyeux. Mon père est agent de police. Il travaille au commissariat de police à Aix. Il aime bien son travail parce qu'il a beaucoup de contacts avec les gens.

Mon grand frère est électricien. Il travaille dans une usine où on fabrique des appareils-photo. Il aime bien son métier parce que les gens avec qui il travaille sont sympa et, en plus, c'est assez bien payé.

Mon autre frère est chômeur depuis six mois. Il cherche du travail. Il voudrait travailler dans un hôpital. Ma sœur travaille dans un bureau. Elle est secrétaire mais ce travail ne lui plaît pas. Elle ne s'entend pas avec son chef.

Rappel

ma mère est caissière – *my mother is **a** cashier*

5 🔊 **Micro-trottoir.** *Que font les membres de ta famille?* Ecoutez les trois interviews dans un collège. Prenez des notes.

6a 👥 Posez la question: *quels sont les membres de ta famille?* Ensuite, préparez une grille.

Exemple

A: Quels sont les membres de ta famille?

B: Il y a ma mère, mon beau-père, mes trois frères, ma grand-mère, …

6b 👥 Interviewez votre partenaire pour compléter votre grille.

Exemple

A: Que fait ta mère?

B: Elle est professeur.

A: Elle travaille où?

B: Elle travaille dans un collège.

membre de famille	métier?	travaille où?
mère		
beau-père		

7 Que font les membres de votre famille? Décrivez leur travail. (Adaptez la lettre de Nabila, si vous voulez.)

Expressions-clés 🔊

| Que fait | ton père/beau-père? |
| | ta mère/belle-mère? |

| Mon père/Mon frère | est | facteur/chômeur chauffeur routier |
| Ma mère/Ma sœur | est | agent de police/ infirmière/fleuriste |

Il/Elle travaille où?

Il/Elle travaille	dans un bureau.
	dans une usine.
	dans un hôpital.
	au commissariat de police.
	à la gare.
	à la maison.

| Il/Elle aime bien son travail |
| | parce que c'est bien payé. |
| | parce qu'il/elle a beaucoup de contacts avec les gens. |

Mon premier jour de travail

- understand and talk about a day at work
- understand and use adverbs

See also *En plus* …
page 191.

Léo a trouvé du travail dans une agence immobilière.

> **agence immobilière** *nf* organisation qui s'occupe de la vente et la location de logements

GALERIE GREGOIRE

Patrick **BOYER**

AGENCE IMMOBILIERE

Lundi

Aujourd'hui, c'était mon premier jour de travail! Malheureusement, je …1… arrivé un peu en retard parce que j'…2… eu du mal à trouver l'agence! Je me suis excusé poliment.

Les gens étaient vraiment gentils et ils m'…3… aidé énormément.
D'abord, j'…4… fait du café pour tout le monde et puis j'…5… lu le prospectus publicitaire de l'agence.

J'…6… tapé – assez lentement – des lettres. Je tape mal! (Normalement, je tape avec deux doigts.) Je travaille avec Madame Laval. Elle tape vite. Ensuite, je …7… allé à la poste pour envoyer les lettres.

L'après-midi, j'…8… accompagné Monsieur Maurice et des clients en banlieue pour visiter une maison neuve. A mon avis, elle était trop moderne et manquait de caractère mais les clients …9… décidé de l'acheter.

J'…10… trouvé le travail assez intéressant et je suis très content de ma première journée. Mais je suis incroyablement fatigué!

1a Complétez l'extrait du journal de Léo.
Complétez les verbes au passé composé avec la bonne forme d'*avoir* ou *être*.
Exemple   1 – je suis arrivé

1b 🔊 Ecoutez pour vérifier.

1c Vrai ou faux?
  a Le matin, Léo est arrivé à l'heure.
  b Il a trouvé l'agence sans problèmes.
  c Les gens étaient sympa.
  d Il tape bien.
  e Il n'est pas sorti de l'agence.
  f La maison neuve est dans un village.
  g Les clients ont aimé la maison.
  h Léo est satisfait de sa première journée.

1d Vous êtes Léo. Décrivez la journée suivante.
Exemple   Ce matin, je suis arrivé à l'agence à neuf heures moins cinq. D'abord, j'ai classé des documents, …

> arriver 8 h 55, classer des documents, parler aux clients, lire des lettres, écrire des lettres, faire des photocopies, répondre au téléphone, aller à la poste, partir 17 h

Camille au café

2a Lisez la bande dessinée. Reliez les mots-clés
a–e à chaque dessin.
Exemple   1 – c
a pris la commande des clients
b le reste de la journée – lavé la vaisselle dans
la cuisine
c arrivée à dix heures le matin
d nettoyé le plancher
e laissé tomber un plateau avec des boissons;
clients fâchés

2b Ecoutez la bande dessinée pour vérifier.

En plus … Décrivez le premier jour de travail de
Camille. Utilisez des adverbes pour faire une
description détaillée.
*Exemple   Ce matin, je suis arrivée au café
ponctuellement à dix heures, …*

> Adverbes utiles: très, d'abord, vite, seulement,
> ponctuellement, poliment, malheureusement

ZOOM grammaire:
les adverbes

- Adverbs are words that describe a verb or
an adjective. They are used to make
descriptions more detailed.

  Normalement, je tape | **Normally**, I type
  avec deux doigts. | with two fingers.
  Elle tape vite. | She types **quickly**.

- Most French adverbs end in *-ment:*
lentement, poliment, rapidement

1 Look through Léo's diary entry. How many
adverbs like this can you find?

- Some common adverbs are exceptions to
the rule:
bien, mal, vite, assez, trop, très

2 Match the adverbs listed above to their
English meanings. Look at Léo's diary entry
again if you need to.
very, rather, well, badly, too, quickly

Expressions-clés

Je suis arrivé(e)	un peu en retard.
	à neuf heures dix.
Les gens étaient vraiment	
	gentils/sympa/horribles.
D'abord, j'ai	fait du café.
	tapé des lettres.
	lu le prospectus.
Le matin,	répondu au téléphone.
L'après-midi, } j'ai	parlé aux clients.
Ensuite,	fait des photocopies.
J'ai trouvé le travail	(assez/très) intéressant/
	ennuyeux/fatigant.

201

- write an account of a work experience week
- write a letter to a friend
- know how to adapt a model text to give your own details

The Hinckley Times

Chère Anaïs,

1 J'ai fait un stage en entreprise en octobre dernier. J'ai travaillé pour un journal de ma région: le Hinckley Times. Ce stage a duré cinq jours, du lundi au vendredi.

2 Mon professeur d'anglais m'a proposé ce stage parce qu'elle sait que le journalisme m'intéresse énormément.

3 Tous les matins, je prenais le bus et j'arrivais au bureau à neuf heures. D'abord, pour trouver des idées d'articles, je lisais attentivement les lettres et les documents qui étaient dans la corbeille du courrier à traiter. Ensuite, je téléphonais pour obtenir des statistiques ou des commentaires pour compléter les articles. Quand tout était prêt, j'écrivais les articles sur l'ordinateur. L'après-midi, je sortais souvent avec un reporter pour faire des interviews et prendre des photos. Le soir, je quittais le bureau à cinq heures. Ma mère venait me chercher en voiture. J'étais toujours assez fatiguée.

4 J'ai beaucoup aimé cette expérience. Le bureau où je travaillais était petit et plutôt moche mais les gens étaient tous très sympa et très enthousiastes. C'était super d'avoir mon propre bureau et mon ordinateur et j'étais vraiment contente de voir mes propres articles dans le journal. J'ai surtout aimé les sorties. Par contre, je n'ai pas toujours aimé le contact avec les gens parce que je suis trop timide. En plus, j'avais un peu peur du secrétaire de rédaction, Sam.

5 J'ai appris beaucoup de choses pendant mon stage, surtout comment on fait un journal. Je pense que le travail de journaliste est vraiment intéressant mais je trouve que la journée de travail est un peu longue.

6 Un jour, je voudrais devenir journaliste. J'aimerais bien faire ce métier plus tard parce que le travail est très varié.

Voilà! Je vais terminer ici ma lettre. Ecris-moi bientôt.
Amitiés
Katie

1a 🔊 Lisez et écoutez la lettre de Katie. Trouvez un titre en anglais pour chaque paragraphe.
Exemple 1 – kind of work; length

1b 📖 Notez les mots nouveaux et cherchez-les dans un dictionnaire.

2a Répondez aux questions **a–i** pour Katie.
Exemple J'ai travaillé pour un journal de ma région, le Hinkley Times, l'année dernière en octobre.
a Tu as fait un stage en entreprise? Où? Quand?
b Ton stage a duré combien de temps?
c Comment as-tu trouvé ce travail?
d Que faisais-tu le matin? Et l'après-midi?
e Tu finissais à quelle heure le soir?
f Quels étaient les avantages?
g Quels étaient les inconvénients?
h Qu'as-tu pensé de l'expérience?
i Est-ce que tu voudrais faire ce métier plus tard?

2b Répondez aux questions pour vous.

3 A vous! Ecrivez une lettre au sujet d'un stage en entreprise.
a Utilisez des titres de paragraphe, par exemple:

> **Mon stage en entreprise**
> 1 genre de travail; durée
> 2 comment j'ai trouvé ce travail
> 3 ce que je faisais; une journée typique
> 4 ce que j'ai aimé et n'ai pas aimé
> 5 ce que j'ai appris
> 6 est-ce que je voudrais faire ce métier plus tard?

b Prenez des notes pour chaque paragraphe.
c Lisez les conseils du Guide examen à droite.
d Relisez la lettre de Katie et repérez les adverbes. Ajoutez des adverbes et des adjectifs à vos notes.
e Ecrivez 300 mots environ.

Guide examen

Adapting a model

You can often adapt a question to help you give a more impressive answer. For example:

You can also adapt texts to talk about yourself. For example, Stephen took the first paragraph of Katie's letter and changed the details. The words highlighted in yellow are from Katie's letter, and the rest are Stephen's own:

J'ai fait un stage en entreprise cette année en février. J'ai travaillé dans un grand magasin: Hoopers. Ce stage a duré quatre jours, du mardi au vendredi.

1 Adapt the same paragraph to describe your own work experience. Copy out the highlighted sections and add in your own information.

2 Are there any other sentences in Katie's letter that you could adapt in the same way?

Rappel

When you write a letter to a friend:

| **start** | *Cher* + boy's name | Dear … |
| **or** | *Chère* + girl's name | |

finish	*Ecris-moi bientôt*	Write soon
	Amicalement	Best wishes
or	*Amitiés*	Kind regards
or	*Grosses bises*	Love from …

Pause lecture 3

Copains, copines

🔊 *Extraits du journal intime de Léo*

lundi, 25 avril

Mon copain Olivier va passer quelques* jours chez nous. Ses parents vont en Belgique parce que sa grand-mère est malade. Il est arrivé ce soir. Ça va être super. J'ai acheté une tarte aux poires à la pâtisserie. Dommage! Olivier n'aime pas les poires. J'ai téléphoné à Nabila. Elle me manque*!

mardi, 26 avril

Hier soir, quand Olivier a ouvert son sac, son dentifrice était débouché* et il y avait des taches blanches sur tous ses vêtements. Ce matin, il a mis mon sweat blanc et mon jean noir pour aller au lycée. Maintenant, mon sweat est sale et la fermeture éclair de mon jean est cassée*!

mercredi, 27 avril

Cet après-midi, nous sommes allés au cinéma. On passe plusieurs* bons films en ce moment mais Olivier a insisté pour voir le film de guerre au Gaumont. Le film était très décevant: c'était trop long et l'histoire était nulle. Nabila m'a téléphoné.

jeudi, 28 avril

Le jeudi, en premier cours on a français. Olivier n'est pas très fort en français et comme il n'avait pas fait ses devoirs, il a copié sur moi*. A midi, on est allés au café. J'ai payé pour Olivier. Il a un job dans une station-service le week-end et c'est bien payé mais il dépense tout son argent en CD et il est toujours fauché. Il commence à m'énerver.

vendredi, 29 avril

Hier soir, on est allés au Club des Jeunes. C'est toujours la même* chose au Club des Jeunes: les mêmes* personnes, les mêmes* activités, la même* musique ... On a joué au ping-pong. Olivier a gagné tous les matchs. Il a invité Agnès au cinéma demain soir. Agnès! Elle n'est pas du tout sympa. Olivier sort avec n'importe qui*! J'ai téléphoné à Nabila. Elle est beaucoup plus sympa qu'Agnès!

samedi, 30 avril

Olivier est parti!!! Ouf!!!

* quelques – *a few, some* (see page 200)
 elle me manque – *I miss her*
 son dentifrice était
   débouché – *the cap was off his toothpaste*
 cassé(e) – *broken*
 plusieurs – *several* (see page 200)
 il a copié sur moi – *he copied from me*
 même – *same* (see page 200)
 n'importe qui – *anyone* (see page 206)

1 📖 Lisez et écoutez *Copains, copines*. Cherchez les mots suivants dans le vocabulaire (page 218) ou dans un dictionnaire:

a des taches   d une fermeture éclair
b les vêtements   e décevant
c sale   f énerver

2 Répondez aux questions a–k.

a Qui est malade?
b Où habite la grand-mère d'Olivier?
c Léo a acheté le dessert où?
d Où est le dentifrice?
e Quel est le problème avec le jean de Léo?
f Olivier aime quel genre de film?
g Léo a aimé le film? Pourquoi?
h Où travaille Olivier? Quand?
i Qu'est-ce qu'il achète avec son argent?
j Qu'est-ce qu'ils ont fait au Club des Jeunes?
k Léo aime bien Agnès?

3 Léo trouve souvent son copain énervant. Notez en anglais ses raisons.

En plus ... A vous d'imaginer le journal d'Olivier.

4 📼 Ecoutez et lisez la chanson *Je chante du rock*.

5 Trouvez dans la chanson l'équivalent des expressions suivantes:

a whenever I like
b throughout the world
c I was awful at maths
d now I travel everywhere
e I've worked in a factory

6 Que dit le chanteur de son passé? Prenez des notes en anglais.

* Il était une fois – *once there was*
maintenant – *now*
célèbre – *famous*
rigolo – *fun*
beaucoup – *a lot* (see page 201)
chaque – *each* (see page 200)

📼 *Je chante du rock*

1 Il était une fois* un grand lycée
J'y travaillais toute la journée
Mais maintenant* c'est la liberté
Je chante du rock quand ça me plaît
J'étais nul en maths et en français
Mais maintenant j'ai du succès
L'informatique, c'était difficile
Chanter du rock, c'est bien plus facile

Refrain
Je suis célèbre*, je suis une star
J'ai du succès dans le monde entier
Tu es célèbre, tu es une star
Tu chantes du rock dans le monde entier

Refrain

2 Oh j'ai travaillé dans un bureau
Ce n'était pas très rigolo*
Mais maintenant je voyage partout
Chanter du rock ça me plaît beaucoup*

Refrain

3 Et j'ai travaillé dans une usine
Dans un café, dans une cantine
Maintenant, je me lève chaque* matin
Pour chanter du rock, et ça j'aime bien

Refrain

Spécial loisirs

● talk about different hobbies

1a ⬚ Reliez les dessins aux activités **a** – **t**. Utilisez un dictionnaire pour vous aider.
Exemple 1 – t

1b ⬚ Ecoutez pour vérifier.

2 Vous faites quelles activités? Faites deux lists.
Exemple

🙂	🙁
Je vais au cinéma.	Je joue de la guitare.

Activités

a Je vais au cinéma.
b Je vais à la piscine.
c Je vais à la pêche.
d Je joue de la guitare.
e Je joue à des jeux de société.
f Je joue aux cartes.
g Je joue à des jeux vidéo.
h Je joue aux échecs.
i Je fais de la photo.
j Je fais du skate.
k Je fais de l'équitation.
l Je fais du roller.
m Je fais du tricot.
n Je collectionne les timbres.
o Je lis.
p Je dessine.
q Je me promène.
r Je promène le chien.
s J'écoute de la musique.
t J'écris à mon correspondant (ou à ma correspondante).

En plus … Inventez des symboles pour d'autres activités: *le yoga, la cuisine, l'astronomie,* etc. Est-ce que votre partenaire les comprend?
Exemple
A: Regarde ce symbole.
B: Tu fais du yoga?
A: Oui, c'est ça. Je fais du yoga.

3a [icon] Recopiez la grille (activité 3b). Ecoutez et notez les passe-temps de Nabila, Hugo et Marie-Anne.

3b [icon] Réécoutez. Complétez la grille (*quand*), (*pourquoi*).

	passe-temps?	quand?	pourquoi?
Nabila	lire des romans	tous les jours	ça me relaxe

ça me relaxe   ça m'intéresse   j'adore   j'aime bien

■■■■■■■■■■■■■■■■■■■■■■■■

Expressions-clés [icon]

Qu'est-ce que tu as comme passe-temps?
Je lis *beaucoup de romans.*

Je collectionne les	cartes postales.
	posters.
	timbres.
Je joue	de la guitare.
	du piano.

Quand?

Je vais *à la pêche*	le samedi après-midi.
	de temps en temps.
Je fais *de l'équitation*	une fois par semaine.
	tous les jours.
	quand il fait beau.

Tu *joues aux échecs?*

Oui, je *joue aux échecs* parce que	ça me relaxe.
	ça m'intéresse.
	j'adore les jeux.

Non, je *ne joue pas aux échecs.*	
	Je trouve ça ennuyeux.
	Ça ne m'intéresse pas.
	Je déteste les jeux.

4 [icon] Trouvez cinq passe-temps en commun avec votre partenaire.
Exemple
A: Tu fais du tricot?
B: Non, je n'aime pas ça. Tu vas au cinéma?
A: Oui, je vais au cinéma une fois par semaine.

••••••••••••••••••••

Rappel

je vais, tu vas
je joue, tu joues
je fais, tu fais

5a [icon] Ecoutez et lisez le texte de Julien. Vrai ou faux?
a Il préfère les films de science-fiction.
b La pêche le relaxe.
c Il ne regarde jamais la télévision.
d Il écrit des lettres tous les jours.

Mon passe-temps préféré, c'est le cinéma. Je vais au cinéma une ou deux fois par semaine parce que j'adore les films de science-fiction. Quand il fait beau, je vais à la pêche avec mon copain parce que ça me relaxe.
A la maison, le soir, je regarde la télé – surtout les vieux films et les jeux parce que je trouve ça amusant. J'écoute de la musique tous les jours parce que ça me met toujours de bonne humeur. Je collectionne les CD et les posters. De temps en temps, j'écris à ma correspondante ou je téléphone à mes copains.

5b A vous de parler de vos passe-temps! Enregistrez ou écrivez. Adaptez le texte de Julien si vous voulez.

La pluie et le beau temps

- say what the weather is like at different times of year
- say what activities you do in good and bad weather
- say what the weather was like in the past and what you did

See also *Encore!* page 176.
See also *En plus* … page 192.

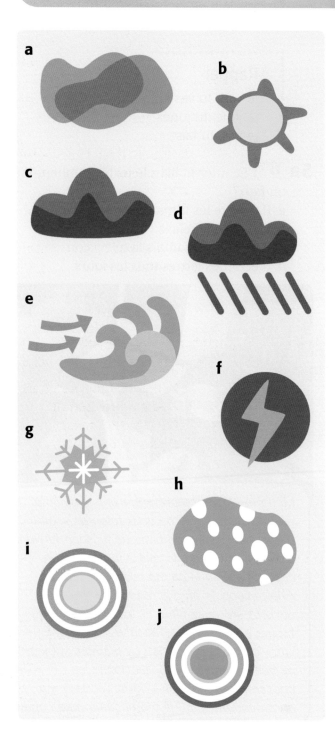

1 Reliez les symboles **a–j** aux expressions-clés.
Exemple a – il y a du brouillard

2 Ecoutez les quatre conversations. Il fait quel temps? Prenez des notes.

3a Ecoutez Nabila et Arnaud. Il fait quel temps: au printemps, en été, en automne, en hiver? Prenez des notes.

3b Là où tu habites, il fait quel temps au printemps? en été? en automne? en hiver?
Exemple A Inverness, il fait très froid en hiver. Il gèle et il neige …

Expressions-clés

Il fait quel temps?

Il fait	beau.
	gris.
	chaud.
	froid.

Il y a	du soleil.
	des nuages.
	du vent.
	de l'orage.
	du brouillard.

Il pleut.
Il neige.
Il gèle.

En été/En automne/En hiver/Au printemps
Aujourd'hui, *il pleut.*
Normalement, il fait assez *beau en été* à *Bristol.*
Quand il pleut, *je reste à la maison.*
Pendant les vacances/Le week-end dernier, il y avait du soleil et il faisait chaud. Je suis sorti(e) tous les jours et j'ai visité tous les monuments.

Nabila passe un week-end chez Sophie à Bordeaux. Il pleut.

> Qu'est-ce que tu fais quand il pleut, Sophie?

> Quand il pleut, j'écoute de la musique ou …

4 🔲 Regardez la photo. Ecoutez et continuez la bulle de Sophie.

5a Et vous? Qu'est-ce que vous faites? Recopiez et complétez ces phrases.
   a Quand il pleut, je lis un magazine, je joue aux cartes, …
   b Quand il fait beau, je me promène, …
   c Quand il neige, je …
   d Quand il fait très chaud, je …

5b 👥 Discutez avec votre partenaire.

Rappel

- now/usually = **present tense**

  *Aujourd'hui, **je vais** à la piscine. **Il fait** chaud. Quand **il pleut**, **je reste** à la maison.*

- in the past (last weekend, during your holidays, etc) =

  perfect tense
  to give the activity:
  ***J'ai joué** au tennis.*
  ***J'ai fait** de la photo.*
  ***Je suis allé(e)** à la plage.*

  imperfect tense
  to describe the weather:
  ***Il faisait** très chaud.*
  ***Il y avait** du soleil.*
  Il pleuvait.

6 Décrivez.
   a Le week-end dernier, …   b Pendant les vacances, …

Révisions Unités 9–12

Le jeu des questions

Départ

1 Comment vas tu à l'école?

2 Comment s'appelle ton école?

3 Il y a combien d'élèves dans ta classe?

4 Tu aimes quelles matières? Pourquoi?

5 Qu'est-ce que tu as le lundi en premier cours?

6 La récréation dure combien de temps?

7 Qu'est-ce que tu fais à midi?

8 Est-ce que tu fais des activités en dehors des cours? Lesquelles?

9 L'uniforme de ton école est comment?

10 Tu as déjà travaillé? Où? C'était comment?

11 Que fait ton père? Que fait ta mère?

12 Qu'est-ce que tu as comme passe-temps?

13 Il fait quel temps aujourd'hui?

14 Il a fait quel temps hier?

15 Là où tu habites, il fait quel temps en été? Et en hiver?

16 Qu'est-ce que tu fais quand il pleut?

17 Tu as de l'argent de poche? Combien?

18 Tu mets de l'argent de côté? Pourquoi?

19 Qu'est-ce que tu fais avec ton argent?

20 Tu es fort(e) en français? Et en maths?

21 Tu vas passer des examens cette année? En quelles matières?

22 Quelle sorte de personne es-tu?

23 Qu'est-ce que tu veux faire plus tard? /Quelle est ton ambition?

1 📼 Lisez les questions. Ensuite, écoutez. Qui répond à la question, Isabelle ou Pierre?

2 👥 Jouez avec un(e) partenaire.

- Prenez un jeton pour chaque personne et un dé.
- **A** lance le dé et fait avancer son jeton.
- **B** lit la question.
- **A** répond.
- Une bonne réponse = 1 point.
- Ensuite, **B** lance le dé et fait avancer son jeton, etc.

Exemple

A: *(lance le dé)* Deux!
B: Deux … Comment s'appelle ton école?
A: Mon école s'appelle Weatherhead High School.
B: OK, un point. …

3 Ecrivez vos réponses aux 23 questions.

4 A vous de faire un jeu de révision. Regardez les unités 1–8. Ecrivez 23 questions sur une grande feuille. Echangez votre jeu avec un copain ou une copine.

Ça se dit comme ça!

Certaines lettres à la fin des mots ne se prononcent pas.

1 S 📼 Ecoutez et répétez.

- **E**
  mon école
  ma classe
  je préfère
- **S**
  Paris
  tu aimes
  les matières
- **T**
  il fait
  l'argent
  il pleut
- **ENT**
  ils préfèrent
  elles sortent
  ils viennent

2 S 📼 Ecoutez et répétez le poème.

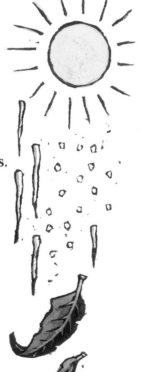

A Paris,
Il fait gris.
Au printemps,
Il y a du vent.

En été,
Il fait chaud.
En automne,
Il fait mauvais temps.

En hiver,
C'est super:
Il gèle, il neige –
Ça, je préfère!

A la maison

13

- describe your room and what you have in it
- use prepositions to say where things are

Ici et là

Mots-clés 📼

un lit	la moquette
une armoire	des posters
une chaise	une lampe
une table	des livres
une table de chevet	des vêtements
une chaîne hi-fi	des étagères
des coussins	des CD

1 Retrouvez les objets dans cette chambre.
Exemple   a – un lit

2a 📼 Ecoutez. Sophie et Nabila parlent de leur chambre. Notez les objets.

2b A qui est la chambre illustrée?

3 👥 Choisissez cinq objets. **A** pose des questions à **B** et devine. Puis, changez de rôles.
Exemple
A: Il y a une armoire dans ta chambre?
B: Oui, il y a une armoire./Non, il n'y a pas d'armoire.

Rappel
✓ Il y a **un** lit/**une** chaise/ **une** armoire/**des** étagères
✗ Il **n'**y a **pas de** lit/**de** chaise/ **d'**armoire/**d'**étagères

4 Regardez l'illustration et répondez aux questions.

   a De quelle couleur est la moquette?

   b Qu'est-ce qu'il y a dans l'armoire?

   c Qu'est-ce qu'il y a sous la table?

   d Qu'est-ce qu'il y a sur le lit?

   e Qu'est-ce qu'il y a entre le lit et l'armoire?

   f Où sont les deux lampes?

5a Complétez la description de Nabila avec les mots de la boîte.

Exemple 1 – grande

> J'aime bien ma chambre parce qu'elle est ...1..., jolie et bien rangée. Les murs sont bleus et ...2.... La moquette est ...3.... Sur les murs, il y a ... 4.... Sur les étagères, il y a ...5... Il y a aussi ...6... entre l'armoire et ...7.... A côté de mon lit, à gauche, il y a ...8.... Il n'y a pas de ...9... ou d'ordinateur. C'est ma chambre à moi, je ne ...10... pas.

| grande   bleue |
| une chaîne hi-fi |
| une table de chevet |
| des coussins partage |
| blancs des posters |
| le lit télé |

5b 🔊 Réécoutez la description de Sophie (de l'activité 2) et prenez des notes. Puis, adaptez le texte pour sa chambre.

> Je n'aime pas ma chambre parce que …

Zoom grammaire: *les prépositions*

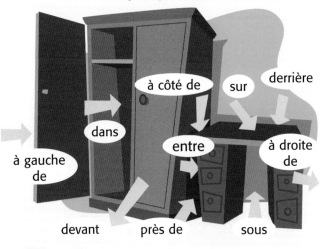

à côté de — sur — derrière — dans — entre — à droite de — à gauche de — devant — près de — sous

1 Copy out and complete this description of Nabila's room with the correct prepositions.

> Dans ma chambre, il y a une guitare ...1... le lit. A ...2... de la chaîne hi-fi, il y a des CD. ...3... la table et le lit, il y a une chaise. ...4... l'armoire, il y a beaucoup de vêtements.

202 ➡

Expressions-clés 🔊

J'aime bien   ma chambre.
Je n'aime pas

C'est ma chambre à moi. Je ne partage pas.
Ce n'est pas ma chambre à moi. Je partage avec ma sœur/mon frère.
Elle est grande/petite, jolie/moche, bien rangée/en désordre.
Les murs sont *bleus* et *blancs*.
La moquette est *bleue*.
Il y a *un poster* au mur.
Il y a *des livres* sur les étagères.

5c Maintenant, adaptez le texte pour votre chambre! Ecrivez ou enregistrez!

En plus … Dessinez et décrivez le plan de votre chambre idéale.

Chez moi

1

- say where you live
- describe your home in some detail

See also *Encore!*
page 178.

1a Reliez les mots aux dessins.

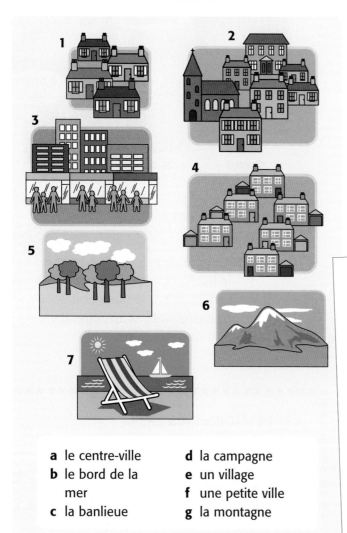

a le centre-ville
b le bord de la mer
c la banlieue
d la campagne
e un village
f une petite ville
g la montagne

1b 🔊 Ecoutez pour vérifier.

2 🔊 Ecoutez Julien et Nabila, Sophie et Léo. Recopiez et complétez avec des mots de la boîte ci-dessus.

a Julien habite à Villejean; c'est dans ...... de Rennes.

b Nabila habite à Fuveau; c'est ...... , ... , près d'Aix-en-Provence.

c Sophie habite à Bordeaux, dans ....

d Léo habite à Reims, dans ....

Voici une lettre de Carmen, la correspondante mauricienne de Julien.

Salut, Julien!

Dans ta lettre, tu me demandes où j'habite. Voici une photo.

J'habite à Roche-Bois: c'est un village au bord de la mer, près de Port-Louis, la capitale de l'Ile Maurice.

J'habite dans une maison: c'est très grand et très ancien (ça date de 1850). Au rez-de-chaussée, il y a un grand salon, une salle à manger, un bureau, une cuisine et une véranda. Au premier étage, il y a quatre chambres, une salle de bains et des toilettes. Au deuxième étage, il y a deux grandes chambres avec balcon, une salle de bains avec WC et un grenier. Il y a aussi une cave, un garage et un très très grand jardin. C'est sympa, chez moi!

Et toi, tu habites où? C'est comment chez toi? Réponds-moi vite et envoie-moi des photos! A bientôt.

Carmen

3 Lisez le début de la lettre de Carmen. Vrai ou faux?
   a Roche-Bois, c'est au bord de la mer.
   b Carmen habite dans le centre-ville.
   c Roche-Bois, c'est près de Port-Louis.
   d Port-Louis, c'est une banlieue.

4 Lisez attentivement toute la lettre de Carmen. Notez les pièces pour chaque étage. Comparez avec votre partenaire.
   Exemple *Au rez-de-chaussée, il y a un salon, …*

5 Ecoutez bien Julien et regardez le plan de son appartement. C'est quelle pièce?

Revise! Prepositions, page 123.

6 Micro-trottoir. Ecoutez ces trois jeunes et prenez des notes.

7 Faites le plan de votre maison/ appartement (sans le nom des pièces). Echangez avec votre partenaire. Posez des questions pour compléter le plan!
   A: Où est la cuisine?
   B: La cuisine est au rez-de-chaussée, à gauche de l'entrée.

8 Ecrivez une réponse à Carmen. Adaptez la lettre, page 124, et utilisez les expressions-clés.

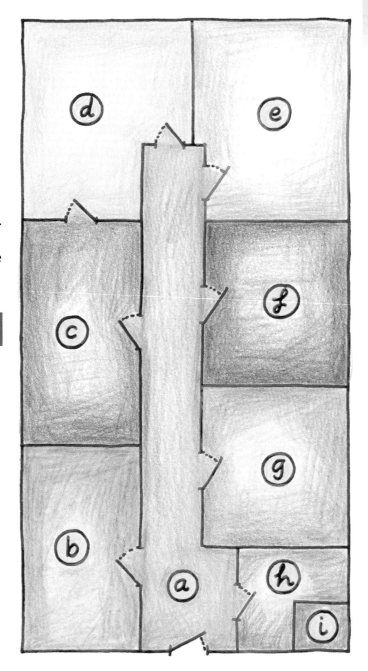

Expressions-clés

Tu habites où?
J'habite à *Fuveau.*
       dans le centre-ville
       dans la banlieue
       à la campagne
       à la montagne
       au bord de la mer
C'est près de …

C'est comment chez toi?
J'habite dans une maison/un appartement
   au … étage.
C'est petit/grand; moderne/ancien.
Au rez-de-chaussée, il y a …
une cuisine, un salon, une salle à manger,
un garage, un jardin, une salle de bains,
des WC, un grenier
Au premier étage, il y a trois chambres, …

Je fais le ménage

- say what jobs you do around the house
- discuss who does what and whether it is acceptable or not
- improve the way you learn and revise

See also *En plus* … page 194.

Qu'est-ce que tu fais pour aider à la maison?

1a Reliez les dessins aux expressions-clés.

1b Ecoutez pour vérifier.

2a Ecoutez Léo, Nabila, Sophie et Julien. Qui fait quoi à la maison?
Exemple Léo – a, j

2b Réécoutez. Notez la fréquence.
Exemple Léo: a – régulièrement

> **Rappel** la fréquence
>
> tous les jours
> régulièrement
> de temps en temps
> jamais – Je **ne** lave **jamais** la voiture.

3 Notez les tâches que vous faites.
Exemple Je fais la lessive tous les jours, …

Expressions-clés

a je fais la lessive
b je fais le repassage
c je fais la cuisine
d je fais le ménage
e je fais la vaisselle
f je fais les courses
g je sors les poubelles
h je nettoie (les WC)
i je lave la voiture
j je range (ma chambre)
k je débarrasse la table
l je mets le couvert

4 👥 A devine les tâches que **B** fait régulièrement. Puis, changez de rôles. Qui fait le plus à la maison?

Exemple

A: Tu laves la voiture régulièrement?
B: Non, je ne lave jamais la voiture.
A: Tu fais la vaisselle régulièrement?
B: Oui, je fais la vaisselle tous les jours.

Revise! The present tense, pages 26–27.

5 🔊 Ecoutez et lisez les réponses des jeunes. Vous êtes d'accord?

Exemple Je suis d'accord avec Lucas … Je ne suis pas d'accord avec Sylvain …

Faut-il aider à la maison? Des jeunes répondent:

Lucas	«C'est ma mère qui fait tout et je trouve ça normal.»
Victoria	«C'est moi qui aide à faire le ménage parce que je suis une fille. Je ne trouve pas ça normal!»
Sylvain	«C'est toujours moi qui lave la voiture et qui sors la poubelle parce que ma mère déteste. Ce n'est pas normal!»
Isabelle	«Mon frère ne range jamais sa chambre parce qu'il est trop petit! Alors c'est moi qui le fais. C'est normal!»

6a Qui fait quoi chez vous?
Exemple C'est ma mère qui fait la lessive, le repassage, … C'est moi qui fais …

6b 👥 A votre avis, c'est normal ou pas?
Exemple

A: C'est ma mère qui fait la lessive. Je trouve ça normal.
B: Moi aussi. C'est ma mère qui fait le repassage. Ce n'est pas normal.
A: Moi, je trouve ça normal!

Revise! Giving your opinion, page 23.

Guide examen

Learning and revising

Do a little often, not a lot at the last minute! Try these tips to see what works best for you:

- use the *Revise!* reminders as you go along.
- write down key vocabulary and grammar points and look at them frequently.
- to learn *Expressions-clés* and *Conversations-clés* by heart, look at the text, cover it, say or write it, then check it.
- practise speaking with a partner and correcting one another's mistakes.
- record yourself.
- with a partner, play hangman to check spellings; write down sentences with gaps for your partner to fill in (e.g. verbs), etc.

1 Do you have any other useful tips?

Expressions-clés 🔊

A la maison, c'est moi qui fais la lessive.
Chez moi, c'est ma mère qui fait la lessive.
C'est normal.
Ce n'est pas normal.
Je trouve ça normal.
Je ne trouve pas ça normal.

Faites comme chez vous!

- ask permission to do things
- offer to help around the house
- use *pouvoir* and *vouloir*

Vous êtes un(e) invité(e) poli(e)? Faites ce test pour le savoir.

1 Vous êtes chez quelqu'un. Vous voulez prendre une douche. Vous dites:
  a Est-ce que je peux prendre une douche, s'il vous plaît?
  b Je veux prendre une douche.

2 Vous n'avez pas de grande serviette. Vous dites:
  a Donnez-moi une grande serviette.
  b Vous pouvez me prêter une grande serviette, s'il vous plaît?

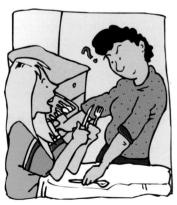

3 Avant le repas, vous dites:
  a Je peux vous aider à mettre le couvert?
  b Est-ce que je peux manger?

4 A table, vous voulez du sel. Vous dites à la dame:
  a Tu peux me passer le sel, s'il te plaît?
  b Vous pouvez me passer le sel, s'il vous plaît?

5 Après le repas, vous dites:
  a Je peux vous aider à faire la vaisselle?
  b Je ne sais pas faire la vaisselle.

6 Vous voulez regarder la télévision. Vous dites:
  a J'aime bien regarder la télévision.
  b Je peux regarder la télévision, s'il vous plaît?

1a A lit les questions, **B** choisit **a** ou **b**. Puis, changez de rôles pour comparer vos réponses.

1b Ecoutez Marc, l'invité modèle, pour vérifier.

2a Demandez (poliment) les choses suivantes. Utilisez les expressions-clés.
Exemple *Vous pouvez me prêter un réveil, s'il vous plaît?*

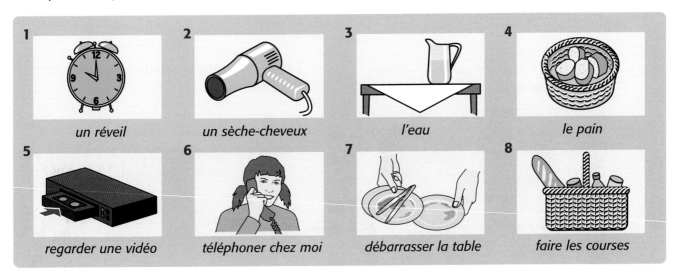

1 un réveil
2 un sèche-cheveux
3 l'eau
4 le pain
5 regarder une vidéo
6 téléphoner chez moi
7 débarrasser la table
8 faire les courses

2b 🔊 Ecoutez pour vérifier et répétez.

3 S🔊 Vous êtes dans une famille française avec votre ami Simon. Aidez-le!

Expressions-clés 🔊

(Est-ce que) je peux   prendre une douche, s'il vous plaît?
                       regarder la télé,

je peux vous aider à   mettre le couvert?
                       faire la vaisselle?

Vous pouvez   me prêter *une serviette,* s'il vous plaît?
              me passer *le sel,* s'il vous plaît?

Zoom grammaire: *pouvoir et vouloir*

- *Pouvoir* (can/to be able to) and *vouloir* (to want to) are both irregular verbs.

  1 Find the missing forms in the questionnaire on page 128.
  a pouvoir = je peux, vous ......?
  b vouloir = je veux, vous ......?

- They are both followed by a verb in the infinitive.

  2 Find the missing infinitives on page 128.
  a Je peux ...... une douche?
  b Vous pouvez me ...... une grande serviette?

- There are two more examples of verbs followed by a verb in the infinitive in the questionnaire.

  3 Find the missing infinitive.
  a Je ne sais pas .... **b** J'aime bien ....

  4 Fill in the gaps in the sentences with the words in the box below and give the English.
  1 Tu peux me ...... la confiture, s'il te plaît?
  2 ...... t'aider à faire les courses?
  3 ...... me prêter ton parapluie?
  4 ...... dire merci à tes parents.

  je peux   je veux   tu peux   passer

214
210

Autour de nous

- show a visitor around your home town
- ask and give directions to a place in town
- use and understand imperatives

See also *Encore!* page 179.

Léo passe le week-end avec Nabila. Ils visitent Arles.

1a 🔘 Ecoutez et notez leur itinéraire.
Exemple 4, …

1b 🔘 Réécoutez. Repérez les expressions-clés.

2 Dessinez le plan de votre ville. Ecrivez l'itinéraire d'une visite. Utilisez les expressions-clés.
Exemple Ici, *c'est la gare. Dans Station Road, il y a le musée. Après, c'est Seaview Road. Là, on peut voir la plage.* …

Expressions-clés 🔘

Ici *(Here)*,	il y a	un/le musée
Là *(There)*,	on peut voir	une/l'église
Là-bas *(Over there)*,	c'est/ce sont	les Arènes
Voici/Voilà *(Here is/are)*		

3 A dessine un symbole. **B** donne l'expression-clé. Puis, changez de rôles.

■ ■

Expressions-clés

Demander le chemin

Où   est *la poste*
        sont *les toilettes,* s'il vous plaît?
Pour aller *à la banque/au théâtre,* s'il vous plaît?
Il y a *une banque* par ici, s'il vous plaît?
C'est par où?
C'est loin?

Indiquer le chemin

Allez tout droit.

Tournez à droite (et ensuite à gauche).

Prenez la première (rue) à droite

        la deuxième à gauche.

Traversez   le pont

        la place

        la rue.

Allez jusqu'à *l'église/au parc.*

C'est au bout de la rue.

C'est en face de vous.

C'est à cinq minutes   à pied

        en voiture.

4   Ecoutez les quatre dialogues et regardez le plan. On va où?
Exemple *1 – Musée Réattu*

Plan d'Arles – Légende

1 = Musée Réattu
2 = Arènes (amphithéâtre romain)
3 = Eglise Notre-Dame-la-Major
4 = Les remparts
5 = Gendarmerie
6 = Théâtre antique
7 = Eglise et cloître Saint-Trophime

8 = Office de tourisme
9 = Musée Arlaten
10 = Espace Van Gogh – médiathèque
11 = Eglise Sainte-Césaire
12 = Tour de l'Ecorchoir
13 = Eglise Saint-Pierre
14 = Halte fluviale

5 Vous êtes à la gare routière (bvd G. Clemenceau). **A** pose des questions. **B** répond. Puis, changez de rôles.
Exemple
A: Où est l'office de tourisme, s'il vous plaît?
B: Prenez le boulevard des Lices et c'est en face de vous!

6 Lisez cet extrait d'un guide sur Arles. Complétez **a**, **b** et **c**.

Vous êtes à l'office de tourisme. Tournez à droite dans le boulevard des Lices et prenez la première à gauche puis la première à droite. Allez jusqu'au bout de la rue du Cloître et tournez à droite. Ici, sur la place des Arènes, on peut voir …a….
Reprenez la rue du Cloître. Là, à droite, il y a …b….
Allez jusqu'au bout de la rue du Cloître, tournez à droite, sur la place de la République, prenez la rue de l'Hôtel de Ville. Là-bas, au bout de la rue, c'est …c….

7 A vous d'écrire une visite de votre ville. Adaptez le texte de l'activité 6 et utilisez les expressions-clés.

En plus … Ecrivez/Enregistrez une visite guidée de votre collège.

Revise! Prepositions, page 123.

ZOOM *grammaire: l'impératif*

You use the imperative to give directions or commands.

To someone you don't know	To a friend
Allez	Va
Tournez	Tourne
Prenez	Prends
Traversez	Traverse

Opinions: séjours à l'étranger

- discuss the advantages and disadvantages of school trips abroad
- practise giving your opinion

See also *En plus* …
page 196.

Julien, Léo, Nabila et Sophie vont passer un week-end à Londres, chez le correspondant anglais de Julien.

En route vers Londres

Julien: L'Eurostar, ça me rappelle mon séjour scolaire à Londres! C'était vraiment super!

Nabila: Moi, les séjours scolaires à l'étranger, je trouve ça nul. Je suis contre parce que c'est inutile: on n'apprend rien!

Sophie: Oui, je suis d'accord avec toi. Je pense aussi que ce n'est pas intéressant.

Léo: Moi, je suis pour. Je pense que c'est très utile pour améliorer son anglais. 'True, isn't it?'

Sophie: Ah ah! Non, je ne suis pas d'accord avec ça. A mon avis, c'est nul parce qu'on parle surtout en français!

Julien: Ce n'est pas vrai! On parle souvent anglais avec la famille!

Nabila: Oui, et moi, je déteste ça parce que je trouve ça difficile!

Léo: Moi aussi, je trouve ça assez difficile, l'anglais!

Sophie: Pas moi! J'aime bien l'anglais! Mais je n'aime pas du tout les séjours scolaires.

Nabila: Moi non plus. Je préfère voyager avec des copains ou en famille. C'est plus sympa.

Sophie: Ça c'est vrai! Surtout avec nous, hein Nabila!

---

1 🔊 Ecoutez et lisez la discussion sur les séjours scolaires à l'étranger.

2 Relisez le texte et faites deux listes: les arguments <u>pour</u> et les arguments <u>contre</u> les séjours scolaires.

Exemple
Pour: très utile pour améliorer son anglais; …
Contre: c'est inutile: on n'apprend rien; …

3 Voici d'autres arguments. Pour ou contre? Continuez vos listes.

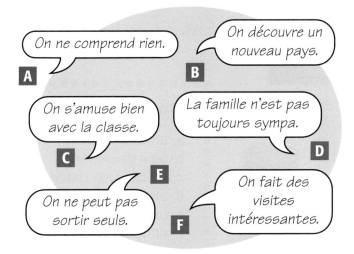

A On ne comprend rien.

B On découvre un nouveau pays.

C On s'amuse bien avec la classe.

D La famille n'est pas toujours sympa.

E On ne peut pas sortir seuls.

F On fait des visites intéressantes.

4 Relisez le texte. Trouvez l'équivalent français de:
a I'm for.
b I'm against.
c I think that …
d I find it …
e It's true.
f It's not true.
g I agree.
h I disagree.
i Me too.
j I don't.
k Neither do I.
l I prefer …

5 **Micro-trottoir**. Ecoutez ces trois jeunes Français. Ont-ils une opinion positive ou négative des séjours scolaires à l'étranger?

6 Discutez des séjours scolaires avec votre partenaire. Utilisez vos deux listes d'arguments et les expressions du Guide examen.

Guide examen

Expressing an opinion will earn you extra marks in the exam.

• Say what you like, dislike or prefer:

J'aime bien …
J'aime beaucoup …
J'adore …
Je n'aime pas beaucoup …
Je n'aime pas du tout …
Je déteste …
Je préfère …
J'aimerais mieux …
} les voyages/ voyager, etc.

• Give your opinion:

A mon avis, c'est/ce n'est pas …
Je pense que c'est/ce n'est pas …
Je trouve ça/Je ne trouve pas ça …
} super/ nul, etc.

• Your opinion about past events:

C'était super/nul, etc.

• Say if you're for or against:

Je suis pour …
Je suis contre …

• Say if you agree or not:

Je suis d'accord
Je ne suis pas d'accord
} avec toi/vous/ça
C'est vrai.
Ce n'est pas vrai.
Moi aussi.
Pas moi.
Moi non plus.
Moi si!

Bon appétit!

16

- order a drink and a snack in a café
- ask if items of food or drink are available

Au café

Mots-clés 🔊

a un café
b un café-crème
c un chocolat chaud
d un thé nature
e un thé au lait
f un jus de fruit
g une orange pressée
h un coca
i une limonade
j un Orangina
k une bière
l une eau minérale
m un sandwich au jambon
n un sandwich au fromage
o un croque-monsieur
p une pizza
q un croissant
r un pain au chocolat
s une glace à la vanille
t une crêpe au chocolat

1a Reliez les photos aux bons mots-clés.
Exemple *1 – une eau minérale*

1b Trouvez l'équivalent anglais des autres mots-clés.

Revise! du, de la, de l', des, page 81.

2 👥 A commande quelque chose. B donne le numéro de la photo. Puis, changez de rôles.
Exemple
A: Je voudrais un croque-monsieur.
B: C'est la photo 10.

Expressions-clés

Pour commander …
Un café,
Je voudrais un café,   s'il vous plaît.
Je vais prendre un café,

Pour demander ce qu'il y a …
Vous avez des glaces à la vanille?
Qu'est-ce que vous avez comme glaces?

Léo

Julien

Sophie

Nabila

3a Commandez pour les quatre copains, avec les expressions-clés.
Exemple *Léo – Je voudrais un Orangina et …*

3b Ecoutez pour vérifier.

3c Réécoutez. Que vont manger Sophie et Nabila? Notez leurs réponses.

4a Recopiez et complétez la conversation de droite.

4b Jouez la conversation avec votre partenaire.

4c Inventez d'autres conversations.

5 S Vous êtes au Café de la Gare avec votre ami anglais Simon. Ecoutez et commandez.

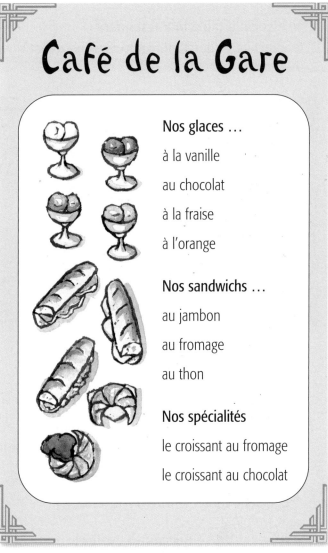

Café de la Gare

Nos glaces …

à la vanille

au chocolat

à la fraise

à l'orange

Nos sandwichs …

au jambon

au fromage

au thon

Nos spécialités

le croissant au fromage

le croissant au chocolat

Client: Monsieur, s'il vous plaît!
Serveur: Oui, vous désirez?
Client: Je voudrais ⬡ , s'il vous plaît.

Serveur: Désolé, il n'y a plus de ⬡

Client: Euh … Qu'est-ce que vous avez comme sandwichs?
Serveur: Il y a

Client: Alors, je vais prendre
         Vous avez  ?

Serveur: Oui, bien sûr.
Client: Alors,   , s'il vous plaît.

Une table pour sept

- reserve a table in a restaurant
- practise understanding and asking questions

See also *En plus* …
page 197.

Marc, le frère de Léo, a réussi ses examens. Les Lemercier vont fêter ça au restaurant. Léo téléphone pour réserver une table.

1 Ecoutez. Léo téléphone à quatre restaurants. Notez les détails de sa réservation.
a Pour combien de personnes?
b Pour quand? A quelle heure?
c Quelle table? (terrasse?/intérieur?)

En plus … Réécoutez. Notez le nom du restaurant et le problème.
Dans quel restaurant réserve-t-il?
Exemple *Œil de Bœuf – fermé le lundi*

2a Ecoutez, lisez puis jouez la conversation-clé.

2b Adaptez la conversation-clé pour les situations **a–d**. A téléphone pour réserver.
B répond. Puis, changez de rôles.
a Stéphane Jourdin, 6 pers., mardi 20 h 00 *[Bel Azur/complet]*
b Camille Leclerc, 2 pers., dimanche, 21 h 00 *[Œil de bœuf]*
c Claude Martin, 3 pers. + 1 bébé, samedi, 13 h 00, *[le Darjeeling/complet]*
d Dominique Lucas, 12 pers., samedi, 19 h 00 *[Le Sardaigne]*

fermé – *closed*
complet – *full*

Conversation-clé

B: Allô, *le Bel Azur*, j'écoute?
A: Je voudrais réserver une table, s'il vous plaît.
B: Oui, pour combien de personnes?
A: Pour *sept* personnes.
B: Oui, pour quand?
A: Pour *lundi*, à *20 h 30*.

B: Désolé,   Oui. C'est à
c'est complet.   quel nom?
A: C'est au nom de *Lemercier*.
B: D'accord. Merci, au revoir!

En plus … Micro-trottoir. Ecoutez des amis choisir un des restaurants ci-dessus.

Guide examen

Questions

- *Understanding and answering questions*
  You will have to answer questions in the exams. Make sure you understand them first! Pay attention to:
  - the key vocabulary
  - the tense used
  - the question words

1a Test yourself on the meaning of question words. Look at the adverts above and on page 150 and match the questions and answers.
Exemple   1 – g

1 On peut manger une pizza au Sardaigne?
2 **Est-ce qu'**on peut manger le lundi à l'Œil de Bœuf?
3 Peut-on aller au bar Chriss' le dimanche?
4 **Où** est le restaurant le Sardaigne?
5 **Quand** le bar Chriss' est-il ouvert ?
6 **Comment** s'appelle le salon de thé de la place des Arcades?
7 **Combien** y a-t-il de chambres à l'Auberge Champenoise?
8 **Quel** est le numéro de téléphone du Bel Azur?
9 **Quelles** spécialités sert-on au Bel Azur?
10 **Qu'est-ce qu'**on mange au Resto Quick?
11 **Pourquoi** le Darjeeling est-il agréable en été?
12 **Qui** est le propriétaire de l'Auberge Champenoise?

- *Asking questions*
  It could be a good idea to ask the examiner a few questions during the oral exam.
  You can ask a question by:
  - raising your voice at the end of a sentence (question 1).
  - adding *Est-ce que* in front of a sentence (question 2).
  - reversing the order subject + verb in a sentence (question 3).
  - using question words (questions 4–12).

a Le Darjeeling.
b Des spécialités tunisiennes.
c En face de la gare.
d Non.
e De 10 h 30 à 4 h du matin.
f Il a une terrasse.
g Oui.
h 03 26 55 34 52.
i Non.
j Benjamin Arthozoul.
k 35.
l Du fast-food.

1b [🔊] Now listen and check your answers.

2 Make up other questions for your partner to answer.
Example   Où est le Resto Quick?

Service compris

See also *Encore!* page 181.

- ask for an explanation of something on the menu
- order a meal and say what you thought of it
- ask for the bill, and ask where things are in the restaurant

Les Lemercier dînent à l'Auberge Champenoise.

1a Reliez les dessins aux définitions.

Entrée:

1 assortiment crudités-charcuterie

Plat principal:

2 coq au vin

3 gratin dauphinois

Dessert:

4 omelette norvégienne

5 charlotte aux poires

a pommes de terre, avec crème et fromage
b gâteau avec biscuits et poires
c carottes et céleri râpés, salami et jambon
d glace avec œufs en neige et une sauce chaude
e poulet, champignons, oignons dans une sauce au vin

En Champagne

l'Auberge Champenoise

13 €

La terrine de poisson
ou L'assortiment crudités-charcuterie

* * *

Le rôti de porc persillé
ou Le gigot d'agneau

* * *

La garniture de légumes

* * *

Fromage ou glace

24 €

Le feuilleté d'escargots en sauce
ou L'avocat chaud au roquefort
* * *
Le coq au vin
ou L'escalope de saumon
* * *
Le gratin dauphinois
ou Les pommes de terre et petits pois-carottes
* * *
Plateau de fromages
* * *
L'omelette norvégienne
ou La charlotte aux poires

1b 🔊 Ecoutez les définitions pour vérifier.

2 👥 **A** pose la question. **B** répond de mémoire.
A: C'est quoi, le gratin dauphinois?
B: Des pommes de terre, …

En plus … Pensez à trois plats traditionnels de votre pays. Ecrivez une définition pour chacun.
Exemple   *C'est un sandwich aux frites*
(le chip butty).

3 🔊 Regardez les menus page 152 et écoutez les Lemercier. Vous êtes le serveur. Prenez des notes.
Exemple

	3 menus à 13€	4 menus à 24€
Entrée:	1 ass. crudités-char. 2 x terr. poisson	
Plat principal:		
Dessert:		

■■■■■■■■■■■■■■■■■■■■

Conversation-clé S 🔊

B: Vous avez choisi?
A: *Un menu à 13€*, s'il vous plaît.
B: Qu'allez-vous prendre comme entrée?
A: C'est quoi *l'assortiment crudités-charcuterie?*
B: *Des carottes, du céleri, des tomates, du salami et du jambon.*
A: D'accord. Comme plat principal, je vais prendre *le gigot d'agneau et la garniture de légumes.*
B: Comme dessert?
A: Je voudrais *une glace,* s'il vous plaît.
B: Très bien.

■■■■■■■■■■■■■■■■■■■■

Expressions-clés 🔊

a C'était vraiment excellent.
b C'était bon.
c C'était un peu trop salé
d C'était un peu trop sucré.

4a Imaginez: vous allez à l'Auberge avec votre partenaire. Regardez les menus, page 152. Notez votre choix. Devinez et notez le choix de votre partenaire.

	je vais prendre	tu vas prendre
Comme entrée		
Comme plat principal		
Comme dessert		
Comme boisson		

4b 👥 Comparez et discutez.
Exemple
A: Comme entrée, tu vas prendre la terrine de poisson?
B: Ah non, je déteste le poisson! Je vais prendre l'assortiment …

5a 🔊 👥 Ecoutez, lisez et jouez la conversation-clé.

5b 👥 Adaptez la conversation-clé. **B** est serveur/serveuse, **A** est client/cliente. Puis, changez de rôles.

6a 🔊 Ecoutez la conversation après le repas. Reliez les expressions-clés aux personnes:
Marc   Léo   Edouard   Mathilde

6b 🔊 Réécoutez. Monsieur Lemercier demande quoi? Et Mathilde?

a    L'addition, s'il vous plaît!

b   Où sont les toilettes, s'il vous plaît?

c   Où sont les téléphones, s'il vous plaît?

7 S 🔊 Vous êtes au restaurant avec votre ami Simon. Ecoutez et aidez-le!

Guide examen

● prepare for the exam

Countdown to the exam

 Listening
- **An earful of French!** The more you listen, the more you'll hear. Try listening to your solo cassette, French radio stations or videos.

 Bring in a cassette and ask your teacher to record some French for you to listen to. Listen and make notes on what you think it is about.

Revise! Guide pratique, page 15; Guide examen, page 93.

 Speaking
- **Speak up!** Take every opportunity to speak in French: in class; with your solo cassette; make up dialogues with a friend. The more you practise, the more fluent you will be.

 Record yourself (mini-presentation, role-play, etc). Listen: what could you improve? Ask your teacher for advice. Work on it! A week later, record the same thing and compare the two recordings. Have you improved?

Revise! Guide pratique, pages 37, 51, 65, 79, Guide examen, pages 101, 115, 137, 143.

Reading
- **Read French, feel French!** The more you read, the more you will understand and get a feel for the language.

 Read an article from a French magazine and write down what you think the key words and ideas are. Swap with a partner, compare and discuss!

Revise! Guide pratique, page 43; Guide examen, page 111.

 Writing
- **French at your fingertips!** To write confidently, you need to learn vocabulary and know the grammar rules: copy the key points onto cards or record them on tape. Test yourself regularly!

 Over to you! Choose a topic (*école, vacances, maison*), a style (letter, short message, magazine article), a time limit and a number of words. Write your version and compare with a partner.

Revise! Guide pratique, pages 37, 65; Guide examen, pages 101, 137, 147.

The dictionary
- **Know when to use it …** and when not to! Practise when you're doing your homework. Remember not to look up everything, but to first try and work out what the French word means.

 Have a dictionary race with a friend: pick 10 words you don't know about a topic (Xmas: Xmas stocking, crackers, cranberry sauce, …). Who can find the words the fastest?

Revise! Guide pratique, page 75.

On the day

Listening exam

- **Use the clues!** The questions, the illustrations and the sound effects can all help you understand what it is about.
- **Concentrate!** Avoid translating as you're listening, you won't hear what follows. Keep your notes to a minimum and use abbreviations: *bcp = beaucoup,* etc.

Speaking exam

- **Be prepared!** Use the preparation time. Note your key ideas and vocabulary but avoid reading your notes to the examiner.
- **Play it cool!** Easier said than done? Try this:
  - remember that the examiner is not there to catch you out but to help you show off what you know.
  - give yourself time to think: speak slowly and clearly, and ask the examiner to repeat a question if you don't understand.

Reading exam

- **Know what to do!** Read the instructions carefully and look at the example. For example, do you answer in French or English?
- **Keep going!** Try to answer all the questions. If you are stuck on a question, go on to the next one. Go back to it later if you have time.

Writing exam

- **Make it neat!** Make notes before writing neatly in the exam booklet.
- **Check it out!** Keep some time at the end to check what you have written. Short of time? The priorities are:
  - tenses and endings of verbs.
  - agreements of adjectives, e.g. is it feminine? plural?
  - have you included any opinions?

Révisez tout: Ecoutez!

F

1 🔊 Ecoutez les sept conversations. C'est où?
Exemple 1–c: à la charcuterie

Guide examen

- You don't have to understand every word!
- Just listen out for **key words**. For example, you'll hear the word *jambon*. In which shop can you buy it?

a à la boulangerie

b à la poste

c à la charcuterie

d à la banque

e en ville

f à l'office de tourisme

g à la gare

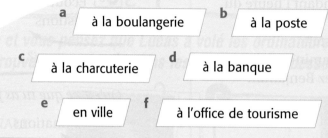

F

2 🔊 Romain dit ce qu'il fait tous les matins.
Mettez les images dans le bon ordre.
Exemple a, …

Guide examen

What happens if you've missed one of the pictures out? Make a sensible guess and then listen again to see if you were right.
For example, if you've missed the shower out, you can guess it will come somewhere between getting up and getting dressed.

F/H

3 Ecoutez les trois interviews et préparez une fiche pour chaque personne.

Nom	Christine Simonin
Age	
Anniversaire	
Famille	
Animaux	
Passe-temps	

Guide examen

When you are noting details, don't write full sentences, just note key words: *piano, télé …*

F/H

4 Regardez les symboles. Félix et Leila ont travaillé pendant les vacances. Ecoutez. C'est Félix ou Leila?
Exemple   a – Félix

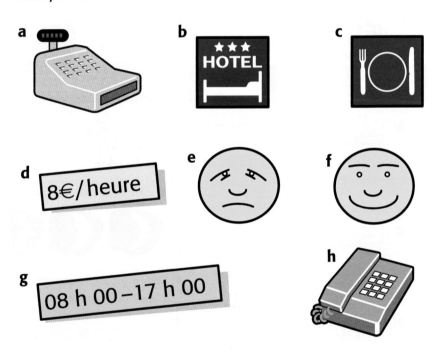

Guide examen

When you've heard Félix speak for the first time, look at the remaining symbols. This will help you to focus on what Leila might say.

H

5 Ecoutez. Cédric parle de sa vie en Corse. Vrai ou faux?
Exemple   1 – faux
1 Cédric habite dans un village.
2 Il trouve Ajaccio intéressante.
3 Ajaccio est une ville morte.
4 Il y a un cinéma en ville.
5 Ajaccio est au bord de la mer.
6 Cédric déteste faire du sport.
7 Chez Cédric, ils sont quatre.
8 Cédric habite à la montagne.

Guide examen

The statements will follow the order on the cassette. Read them through carefully before listening to what Cédric says.

Révisez tout: Lisez!

F

1 Qui dit ça? Reliez les dessins aux expressions.
Exemple 1 – d
a J'ai envie de vomir.
b Je dois aller chez le dentiste.
c J'ai chaud.
d J'ai mal à la tête.
e Prends des Kleenex.
f Je me suis cassé la jambe.

Guide examen

You don't have to understand every word to work out the answer! For example, if you know that *tête* means 'head', that will help you find the picture for **d**.

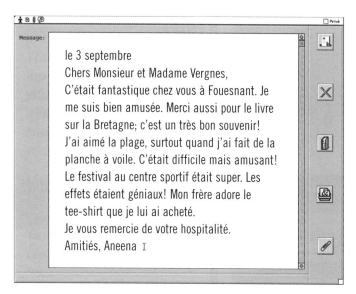

F

2 Trouvez un camping pour vous.
Exemple a – Camping de la Plage
a Vous avez un chien.
b Vous voulez louer un vélo.
c Vous voulez vous amuser le soir.
d Vous voulez des activités pour les enfants.
e Vous voulez un camping accessible en fauteuil roulant.

F

3 Lisez le message. Recopiez et complétez les phrases avec les mots de la boîte.

Camping Municipal
Ouvert fin mars à mi-septembre
Accessible aux handicapés
Animaux non admis
A 2 kilomètres du centre-ville
Bar – restaurant – disco
150 emplacements

Camping de la Plage
30 emplacements sur la plage
Alimentation – Restaurant
Location de vélos
Aire de jeux d'enfants
Animaux admis
Réservation conseillée au mois d'août

> le 3 septembre
> Chers Monsieur et Madame Vergnes,
> C'était fantastique chez vous à Fouesnant. Je me suis bien amusée. Merci aussi pour le livre sur la Bretagne; c'est un très bon souvenir!
> J'ai aimé la plage, surtout quand j'ai fait de la planche à voile. C'était difficile mais amusant!
> Le festival au centre sportif était super. Les effets étaient géniaux! Mon frère adore le tee-shirt que je lui ai acheté.
> Je vous remercie de votre hospitalité.
> Amitiés, Aneena

a Aneena a …… dans une famille en Bretagne.
b Elle a …… un livre.
c Elle a …… de la planche à voile.
d Elle a …… le spectacle au centre sportif super.
e Elle a …… un tee-shirt.

passé   acheté   fait   eu   regardé
trouvé   lu   logé   joué

Guide examen

Don't rush. Read the letter and the statements carefully. For example, did Aneena buy a book or receive it as a present? You will need to choose between *acheté* and *eu* for that one.

F/H

4a Trouvez un titre pour la lettre d'Antoine.
   a Toujours seul! **b** Prisonnier chez moi!
   c Trop de liberté!

4b Vrai ou faux?
   a Antoine n'a pas de copains.
   b Ses parents sont assez sévères.
   c Antoine doit rentrer à dix heures le mercredi soir.
   d Il peut faire du sport.
   e Il a le droit d'aller au cinéma le week-end.
   f Les fêtes sont interdites pour Antoine.
   g Il veut des conseils.

Courrier des Jeunes

J'ai 16 ans et je suis désespéré. J'ai beaucoup d'amis mais j'ai des parents impossibles. Je n'ai jamais la permission de sortir en semaine et je dois rentrer à dix heures le soir le week-end. Je peux aller au centre sportif ou au cinéma mais je n'ai pas le droit d'aller à des fêtes. Mes copains se moquent de moi! Je ne sais pas quoi faire.

Antoine

H

5 Lisez la lettre de Daniel et répondez aux questions.

Hôtel – Restaurant Bellevue **
Quimper Centre-ville
Emplois d'été

Monsieur,

J'ai vu votre petite annonce dans le journal ce matin. Je vous écris parce que je cherche un emploi d'été à Quimper.

L'année dernière, j'ai travaillé dans un restaurant tous les week-ends.
Je mettais les tables, je servais les clients, j'aidais à la cuisine et je travaillais à la réception.

Au mois de février, j'ai fait un stage à l'office de tourisme de Quimper. Je répondais au téléphone, j'aidais les gens, je tapais des lettres et j'organisais des excursions. J'ai trouvé ce travail très intéressant, surtout les contacts avec les touristes.

Au lycée, je suis fort en anglais, en allemand et en espagnol. Je suis sérieux, discipliné et bien organisé. Pendant mon temps libre, j'aime faire du jardinage et de la photo. Plus tard, je voudrais travailler aux Etats-Unis.

Je suis libre du 12 juillet au 3 septembre.

J'ai deux questions: Quels sont les horaires de travail? Est-ce qu'on peut loger à l'hôtel?

Veuillez agréer, Monsieur, l'expression de mes sentiments respectueux.

Daniel Prépoignot

a Où est-ce que Daniel a trouvé la petite annonce? (1)
b Il a déjà travaillé? (2)
c Est-ce que son expérience est utile pour travailler dans un hôtel-restaurant? (2)
d Est-ce que Daniel a de bonnes notes au collège? (1)
e A votre avis, Daniel va être un bon employé à l'hôtel? (1)
f Qu'est-ce qu'il a comme passe-temps? (1)

Guide examen

- If marks for each question are given, look at the question carefully. The questions worth two marks will need a bit more detail in their answers than those worth only one mark.
- When the questions are in French, remember to answer in French too!

Révisez tout: Ecrivez!

F

1 Vous partez en vacances. Qu'est-ce que vous mettez dans votre valise? Notez six choses importantes.

Guide examen

Don't worry if you don't know the French for 'sunglasses' – just choose something else. The pictures are there to help you, but you can include other things.

F

2 Regardez les symboles. Adaptez le message pour inviter quelqu'un à la patinoire.

> Salut, Marilyne!
> Tu es libre vendredi soir? Tu veux aller au bowling? On se retrouve devant le club des jeunes à sept heures.
> A plus tard!
> Fred

10 h 30

Guide examen

Don't try to do anything too complicated here. You are asked to adapt the message, so just change the key details:

*Tu es libre **vendredi soir**?* ⟶ *Tu es libre **samedi matin**?*

F/H

3 Lisez le texte de Cyrille. Quelle est votre émission préférée? Ecrivez un texte et donnez votre opinion.

> Moi, j'adore regarder la télé! Mon émission préférée s'appelle "Questions pour un champion". C'est sur France 3 à dix-huit heures vingt tous les soirs, sauf le dimanche. C'est un jeu. C'est très intéressant.

Guide examen

Use the model text you have been given. Adapt the text as you did for activity 2.

F/H

4 Ecrivez une lettre à Lucille. Répondez à ses questions.

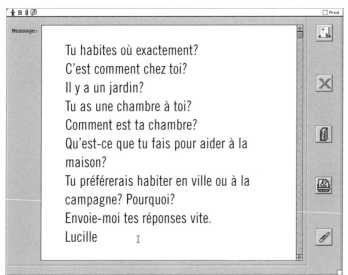

Message:

Tu habites où exactement?

C'est comment chez toi?

Il y a un jardin?

Tu as une chambre à toi?

Comment est ta chambre?

Qu'est-ce que tu fais pour aider à la maison?

Tu préférerais habiter en ville ou à la campagne? Pourquoi?

Envoie-moi tes réponses vite.

Lucille

H

5 Regardez les souvenirs de vacances. Ecrivez un rapport (environ 120 mots) pour décrire vos vacances.

Encore! unité 1

● say what you look like

a b c

1 Lisez ce message. Regardez les photos. Qui est Marc?

Salut! Je m'appelle Marc Bernardin. J'ai seize ans. Je suis assez grand et assez mince. J'ai les cheveux bruns, mi-longs et frisés. J'ai les yeux marron et je porte des lunettes.

2a  Ecoutez Christophe. Prenez des notes:
- âge?
- grand/petit?
- mince/gros?
- cheveux?
- yeux?
- lunettes?

2b Regardez les photos. Qui est Christophe?

Rappel

Vous êtes un garçon? = adjectifs masculins
grand/petit
mince/gros

Vous êtes une fille? = adjectifs féminins
grande/petite
mince/grosse

très – *very*
assez – *quite*

3 Complétez la bulle pour le garçon de la troisième photo.

Salut! Je m'appelle Alexandre Lamour. J'ai seize ans. Je suis …

4 Présentez-vous. Ecrivez une bulle.

Encore! unité 2

- say what food and drink you like, and ask someone what they like
- offer someone something to eat or drink, and accept or refuse what you are offered
- use *du, de la, des* to mean 'some'

1a Reliez les noms aux photos.
Exemple   a – le pain

les fruits
le jus d'orange
les croissants
le lait
le yaourt
le beurre
les céréales
le café
le pain
la confiture
le chocolat chaud
le thé

1b 👥 Regardez les photos. Votre partenaire aime les aliments/les boissons?
Exemple
A: Tu aimes le chocolat chaud?
B: Oui, j'aime beaucoup le chocolat chaud. C'est délicieux.

Les Français à table

Au petit déjeuner, on mange ✱✱✱✱✱ pain avec ✱✱✱✱✱ beurre ou ✱✱✱✱✱ confiture, ✱✱✱✱✱ croissants ou ✱✱✱✱✱ céréales avec ✱✱✱✱✱ lait. On boit ✱✱✱✱✱ café, ✱✱✱✱✱ thé, ✱✱✱✱✱ chocolat chaud ou ✱✱✱✱✱ jus d'orange.

2a Recopiez le texte. Remplacez les ✱✱✱✱✱ avec *du, de la* ou *des*.

2b 👥 **A** offre les aliments/les boissons des photos. **B** accepte les choses qu'il/elle aime et refuse les choses qu'il/elle n'aime pas. Puis, changez de rôles.
Exemple
A: Tu veux du thé?
B: Non, merci. Je n'aime pas beaucoup ça./ Oui, je veux bien.

HAVELOCK SCHOOL

Rappel

some = du + *masculine word*
de la + *feminine word*
des + *plural word*

Encore! unité 3

● make an appointment to see the doctor

1a Remettez ces mots dans les bulles:

> un rendez-vous va urgent
> soir venir madame

Exemple 1 – va

1b 📼 Ecoutez pour vérifier.

2 Vrai ou faux?
  a Monsieur Petit est dans la cuisine.
  b Il téléphone au dentiste.
  c Il va voir le médecin à six heures.
  d Il est malade.

3 👥 A deux, jouez la conversation.

Encore! unité 4

- invite someone out
- accept or turn down an invitation, and suggest an alternative
- arrange a place and time to meet

DISNEYLAND PARIS

Printemps-Eté / Spring-Summer

PARC Astérix

Bienvenue
Welcome
Welkom

Musée Grévin
THE GREVIN WAX-MUSEUM

JARDIN DES PLANTES

57, rue Cuvier

Petit zoo, promenades

1a 🔲 Ecoutez et lisez la conversation à droite. Retrouvez les mots qui manquent.

> Gare du Nord   Parc Astérix
> Musée Grévin   huit heures et demie

1b Recopiez et complétez la conversation.

1c 👥 Avec un(e) partenaire, lisez la conversation.

2a 👥 A vous de choisir une attraction! Invitez votre partenaire. Organisez votre rendez-vous (lieu/heure).
Exemple
A: Tu es libre demain? Tu veux aller au Parc Astérix?
B: Oui, je veux bien./Non, j'aimerais mieux …

2b Ecrivez votre conversation.

VISITEZ LES GRANDS MAGASINS PARISIENS:
Galeries Lafayette, Printemps, Samaritaine

Simon:	Tu es libre demain? Tu veux aller au …1… ?
Magali:	Euh, je n'aime pas beaucoup les musées. J'aimerais mieux aller dans un parc d'attractions. On va au …2… ?
Simon:	Oui, d'accord. Je veux bien.
Magali:	Où est-ce qu'on se retrouve?
Simon:	A la …3… .
Magali:	D'accord.
Simon:	A quelle heure est-ce qu'on se retrouve?
Magali:	A …4… .
Simon:	D'accord. A demain!
Magali:	A demain!

Encore! unité 5

1a 👥 Recopiez et remettez cette conversation dans le bon ordre.

   a Et le prochain train part de quel quai?

   b Vous voulez une place fumeurs ou non-fumeurs?

   c Quai 4, d'accord, merci. Au revoir!

   d Alors, un aller-retour en seconde pour Paris, c'est 29 euros.

   e Non-fumeurs, s'il vous plaît. C'est direct ou il faut changer?

   f Alors, quai numéro 4 … dans cinq minutes!

1→ **g** Bonjour. Je voudrais un aller-retour pour Paris en seconde, s'il vous plaît. C'est combien?

   h C'est direct.

   i 29 euros, voilà.

1b 📼 Ecoutez pour vérifier.

1c Quel billet correspond à la conversation?

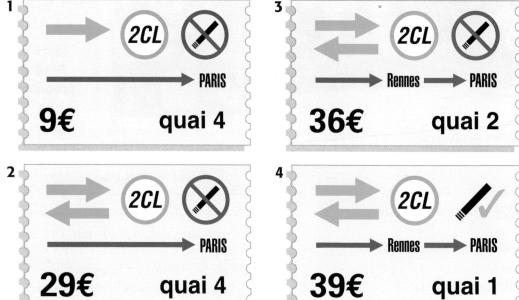

1 → 2CL ⊗ → PARIS   **9€**   quai 4

3 ⇄ 2CL ⊗ → Rennes → PARIS   **36€**   quai 2

2 ⇄ 2CL ⊗ → PARIS   **29€**   quai 4

4 ⇄ 2CL ✓ → Rennes → PARIS   **39€**   quai 1

2 👥 Adaptez la conversation pour les autres billets. Regardez les expressions-clés, page 52.

Exemple numéro 1

  A: Bonjour. Je voudrais un aller simple pour Paris en seconde, s'il vous plaît. C'est combien?

  B: Alors, un aller simple pour Paris en seconde, c'est 9 euros …

Encore! unité 6

● describe a holiday you've been on

1 Regardez les photos de vacances d'Aurélie. Complétez les légendes avec les expressions de la boîte.

> **a** allée à la plage.
> **b** allée en Espagne.
> **c** était nul!
> **d** restés deux semaines.
> **e** mes parents et mon petit frère.
> **f** avait trop de monde.
> **g** faisait très beau.
> **h** bronzé.

2 Maintenant, écrivez un texte pour le frère d'Aurélie. Utilisez les expressions de l'activité 1. Attention aux accords!
Exemple *Cet été, je suis allé en Espagne …*

3 👥 Imaginez l'interview d'Aurélie ou de son frère. **A** pose les questions (page 60), **B** répond. Puis, changez de rôles.
A: Où es-tu allé(e)?
B: Je suis allé(e) …

Encore! unité 7

● agree on a TV programme to watch

Sophie: Je peux regarder la télé?
Julien: Oui, bien sûr!
Sophie: Merci. Oh! il y a *Sauvés par le gong.*
Julien: Qu'est-ce que c'est comme émission?
Sophie: C'est une série américaine. Tu aimes les séries?
Julien: Non, je déteste ça! Je préfère les jeux. On regarde *Questions pour un champion?*
Sophie: Oui. C'est sur quelle chaîne?
Julien: C'est sur France 3.
Sophie: C'est à quelle heure?
Julien: C'est à 18 h 20.
Sophie: D'accord!

1a 🔘 Lisez et écoutez la conversation.

1b Vrai ou faux?
  a Julien aime les séries américaines.
  b Sophie déteste les jeux.
  c *Sauvés par le gong* est une série américaine.
  d On passe *Questions pour un champion* à 18 h 40.
  e France 3 est une chaîne de télévision.

1c 👥 Jouez la conversation.

2 👥 Adaptez la conversation. Remplacez les mots soulignés par des mots de la boîte.
Exemple
A: Je peux regarder la télé?
B: Oui, bien sûr!
A: Merci. Oh! il y a Les Simpson.
B: Qu'est-ce que c'est comme émission?
A: C'est un dessin animé. Tu aimes les dessins animés? …

Sophie	Julien
1 *les Simpson;* un dessin animé; les dessins animés	1 les documentaires; *Le Monde des animaux;* La Cinquième; 18 h 30
2 *Extrême limite;* une série française; les séries françaises	2 les informations; le 19/20; France 3, 18 h 55

3 👥 Inventez d'autres conversations sur ce modèle. Utilisez le programme, page 69.

Encore! unité 8

● buy food and drink

1 Reliez les quantités aux dessins pour écrire la liste de courses de Julien.
Exemple   1c – un litre de lait

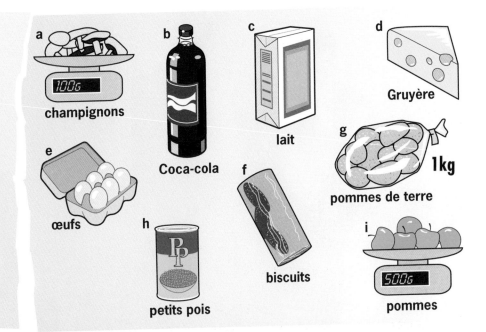

Crémerie
1 un litre
2 un morceau
3 une demi-douzaine

Fruits et légumes
4 un kilo
5 une livre
6 100 grammes

Epicerie
7 un paquet
8 une bouteille
9 une boîte

a champignons
b Coca-cola
c lait
d Gruyère
e œufs
f biscuits
g pommes de terre 1kg
h petits pois
i pommes 500g

2a Lisez la conversation. Complétez les phrases de Julien avec les éléments de sa liste.

2b 🔊 Ecoutez pour vérifier.

A la crémerie

Vendeur:	Bonjour. Vous désirez?
Julien:	Je voudrais *un litre de lait*, s'il vous plaît.
Vendeur:	Oui, et avec ça?
Julien:	Je peux avoir …1… ?
Vendeur:	Voilà.
Julien:	Merci. Vous avez …2… ?
Vendeur:	Ah non, désolé. C'est tout?
Julien:	Oui. Ça fait combien?
Vendeur:	Alors 8 euros, s'il vous plaît.

3a 👥 A deux, regardez la liste. Imaginez et jouez les conversations de Julien aux fruits et légumes et à l'épicerie.

3b 🔊 Ecoutez pour vérifier.

Encore! unité 9

● talk about your school routine

1 *Comment vas-tu à l'école?*

2 *Tu fais quelles matières?*

3 *Est-ce que tu prépares un examen?*

4 *Qu'est-ce que tu fais à midi?*

5 *Est-ce que tu fais des activités en dehors des cours?*

6 *Est-ce que tu as beaucoup de devoirs?*

a *Je fais français, anglais, maths, sciences et géographie.*

b *Je vais à l'école à pied.*

c *Je mange à la cantine et après, je retrouve mes amis.*

d *Je prépare un examen qui s'appelle le brevet.*

e *J'ai une heure de devoirs tous les soirs.*

f *Je suis membre du club photo.*

1a Reliez les réponses aux questions.
Exemple *1 – b*

1b 📼 Ecoutez pour vérifier.

2a 👥 Posez les questions **1–6** à votre partenaire. Il/Elle répond. Puis, changez de rôles.

2b Ecrivez vos réponses.

Encore! unité 10

● talk about a holiday job

 a **Paul**
un mois
11 h 30–15 h 30
8 € de l'heure
fatigant

b

Lucille
5 semaines
8 h–13 h
26 € par jour
intéressant

c **David**
3 semaines
17 h–21 h
94 € par semaine
nul

1 🔲 Ecoutez et reliez les interviews aux photos.

2 👥 A est l'interviewer et pose les questions. B choisit une photo et prend le rôle de cette personne. Puis, changez de rôles.
Exemple
A: Tu as déjà travaillé?
B: Oui, j'ai travaillé dans un café.
A: Pendant combien de temps?
B: J'ai travaillé pendant trois semaines.
A: Tu commençais à quelle heure?
B: Je commençais à dix-sept heures.
A: Tu finissais à quelle heure?
B: Je finissais à vingt et une heures.
A: Qu'est ce que tu faisais?
B: Je servais les clients.
A: Tu gagnais combien?
B: Je gagnais 94 euros par semaine.
A: C'était comment?
B: C'était nul.

3 Choisissez une personne et décrivez son job.
Exemple *David a travaillé dans un café pendant trois semaines. Il commençait à …etc.*

Encore! unité 13

- describe where you live

J'habite à Fuveau. C'est un village, à la campagne près d'Aix-en-Provence. J'habite dans une ...**1**.... C'est grand et ancien: ça date de 1890! Au rez-de-chaussée, il y une grande ...**2**..., un petit ...**3**... et une ...**4**.... Au premier étage, il y a trois ...**5**... : une pour mes parents, une pour mon frère Karim et une pour moi: je ne ...**6**... pas ma chambre, c'est super! Nous avons deux ...**7**... et deux WC. Il y a aussi un grenier et une ...**8**.... Le ...**9**... est dans le ...**10**... qui est très grand. J'aime bien chez moi, c'est sympa!

1a Lisez cette lettre de Nabila. Retrouvez les mots dans la liste ci-dessous.
Exemple 1 – maison

> garage   salon   maison   jardin
> cuisine   cave   chambres   partage
> salles de bains   salle à manger

1b 🔊 Ecoutez pour vérifier.

2a Ecrivez une lettre pour Sylvain avec les mots de la boîte. Adaptez la lettre de Nabila.
Exemple J'habite à Saint-Gervais ...

> Saint-Gervais, petite ville, la montagne, près de Chamonix, un appartement, troisième étage, petit, moderne, trois chambres, un salon, une salle à manger, une cuisine, une salle de bains, des WC, un grand balcon, une cave, sympa

2b 🔊 Ecoutez l'interview de Sylvain pour vérifier.

3 🔊 Ecoutez Rachid. Prenez des notes.

Encore! unité 14

● follow directions

1  Lisez et écoutez les directions. Reliez les plans aux directions.

1 Allez tout droit et tournez à droite. C'est au bout de la rue.

2 Allez tout droit, tournez à droite. Prenez la deuxième à gauche et c'est là, à droite.

3 Allez tout droit, prenez la première rue à gauche et c'est en face de vous.

4 Allez tout droit et traversez le pont. Allez jusqu'à la place et c'est là, à gauche.

2  Regardez le plan et écoutez les directions. Vous arrivez où?

1 le musée
2 l'hôtel
3 la banque
4 le supermarché
5 le café
6 la poste
7 le restaurant
8 la gare
9 la piscine
10 le cinéma

3 Regardez le plan. A indique le chemin, B dit la destination.

Exemple

A: Allez tout droit, prenez la première à droite et c'est là à gauche.

B: C'est le café.

Encore! unité 15

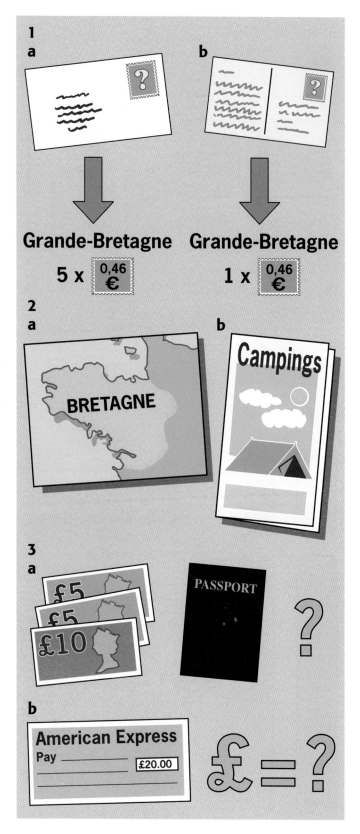

1

a **b**

Grande-Bretagne Grande-Bretagne

5 x 0,46 €   1 x 0,46 €

2

a BRETAGNE **b** Campings

3

a £5 £5 £10 PASSPORT ?

b American Express Pay £20.00 £ = ?

1a 🔊 Ecoutez les conversations. Choisissez les dessins **a** ou **b** pour chacune.

1b 🔊 Réécoutez. Recopiez et complétez les trois conversations.

1

A: Bonjour! C'est combien pour envoyer ......
   en Grande-Bretagne?
B: C'est 0,46 €.
A: Alors, je voudrais ...... à 0,46 €, s'il vous plaît.
B: Oui, ça fait ...... , s'il vous plaît.
A: Voilà, merci. Au revoir!
B: Au revoir.

2

A: Bonjour, je pourrais avoir ...... , s'il vous
   plaît?
B: Oui, bien sûr. Voilà.
A: Vous pouvez me recommander ...... ?
B: Alors, il y a les arènes antiques. C'est très
   intéressant.
A: C'est ...... ?
B: C'est à Arles.
A: D'accord, merci.
B: Au revoir!

3

A: Je voudrais changer ...... de 20 livres, s'il
   vous plaît.
B: Oui, d'accord.
A: La livre est ...... ?
B: Aujourd'hui, elle est à 1,40 €.
A: Vous prenez ...... ?
B: Non, il n'y a pas de commission. Voilà, ça
   vous fait ....
A: Merci. Au revoir!

2 👥👥 Inventez les conversations pour les autres dessins.

Encore! unité 16

● order a meal in a restaurant

1 👥 **A** a réservé une table à l'Auberge champenoise. Il/Elle regarde les menus, pages 152–3, et commande à **B**, qui est serveur/serveuse. Préparez votre rôle et jouez la conversation. Puis, changez de rôles.

2 👥 Adaptez la conversation. Changez les détails soulignés.

A: Bonjour. J'ai réservé une table pour trois personnes.
B: Oui. C'est à quel nom?
A: C'est au nom de <u>Leclerc</u>.
B: D'accord. C'est une table <u>en terrasse</u>.

(plus tard)

B: Vous avez choisi?
A: <u>Trois</u> menus à <u>13€</u>, s'il vous plaît.
B: Qu'allez-vous prendre comme entrée?
A: C'est quoi, <u>l'assortiment crudités-charcuterie</u>?
B: C'est <u>carottes et céleri râpés, salami et jambon</u>.
A: Bon alors, je vais prendre <u>l'assortiment crudités-charcuterie</u>, s'il vous plaît.
B: Comme plat principal?
A: <u>Deux gigots d'agneau et un rôti de porc</u>, s'il vous plaît.
B: Et comme dessert?
A: Je voudrais <u>trois plateaux fromage</u>, s'il vous plaît.
B: Très bien. Et comme boisson?
A: Alors, <u>de l'eau</u>, s'il vous plaît.

(plus tard)

B: C'était bon?
A: C'était <u>super</u>. Je peux avoir l'addition?
B: Tout de suite, voilà.

- read about family members and how they get on together
- understand and use the emphatic pronouns *moi, toi, lui*, etc.

Les pages "en plus"

Des familles célèbres

1 La vedette de cinéma Martin Sheen a deux fils: Charlie Sheen et Emilio Estevez. Ils sont tous les deux acteurs mais ils sont très différents. Martin Sheen s'entend bien avec ses fils et ils s'entendent bien avec **lui**.

2 Dans le monde du cinéma, il y a beaucoup de familles célèbres: Jason Connery est le fils de l'acteur Sean Connery et il est acteur comme **lui**. Shirley MacLaine a un frère célèbre, Warren Beatty, mais il n'a jamais tourné de film avec **elle**. L'acteur Donald Sutherland est le père de Kiefer Sutherland.

3 Jeff Bridges et son grand frère Beau sont les fils de l'acteur Lloyd Bridges. Tous les trois sont vedettes de cinéma et de télévision. La mère de Jeff a aussi tourné dans un film avec **lui**. Jeff s'entend bien avec tous les membres de sa famille et aime bien travailler avec **eux**.

1 Lisez l'article. Recopiez et complétez les phrases.
a Martin Sheen est …… de Charlie Sheen.
b Martin Sheen s'entend bien avec …… .
c Beau Bridges est …… de Lloyd Bridges.
d Jeff Bridges est …… de Beau Bridges
e Shirley MacLaine est …… de Warren Beatty.

Zoom grammaire: *les pronoms personnels (formes accentuées)*

je	→	*moi*	I/me	elle	→	*elle*	she/her	vous	→	*vous*	you
tu	→	*toi*	you	on	→	*soi*		ils	→	*eux*	they/them
il	→	*lui*	he/him	nous	→	*nous*	we/us	elles	→	*elles*	they/them

Use *emphatic pronouns*:
- for emphasis: ***Toi**, tu es paresseux mais **moi**, je suis travailleuse.*
- when the pronoun stands on its own: *Qui a un chat? **Lui!***
- after a preposition: *Je m'entends bien avec **elle**. / Ils sont partis sans **nous**.*
- when making comparisons: *Je suis plus grand que **lui**.*

205

1 In the article (paragraphs 2–3) find the sentences which contain emphatic pronouns. Copy out the sentences and translate them into English.
***Example** paragraph 1*
Martin Sheen s'entend bien avec ses fils et ils s'entendent bien avec lui.
Martin Sheen gets on well with his sons and they get on well with him.

En plus ... unité 2

- find out if you are eating sensibly
- use the pronoun *en*

1a Faites le jeu-test. Ecrivez vos réponses avec *en* pour éviter les répétitions.
Exemple J'*en* prends deux./Je n'*en* prends pas.

1b Ajoutez tous les chiffres de vos réponses et lisez les commentaires.

Zoom grammaire: *en*

To avoid repeating *de* + noun, use the pronoun *en* in front of the verb.
Sometimes *en* is used where we would say 'of it' or 'of them' in English.

*Tu veux **des croissants**?*
Would you like some croissants?
*Oui, je voudrais **deux croissants**.*
Yes, I'd like two croissants.
*Oui, j'**en** voudrais **deux**.*
Yes, I'd like two (of them).
*Non, je n'**en** veux pas, merci.*
No, I don't want any (of them) thank you.

 204

Jeu-Test   Etes-vous gourmand(e)?

1 Combien d'assiettes de céréales prenez-vous le matin?

2 Combien de paquets de chips mangez-vous par jour?

3 Combien de barres de chocolat mangez-vous par jour?

4 Combien de sandwichs mangez-vous à midi?

5 Combien de pommes de terre prenez-vous au dîner?

6 Combien de gâteaux mangez-vous à l'heure du thé?

7 Pendant les vacances d'été, combien de glaces achetez-vous par jour?

8 Au café avec vos copains, combien de cocas buvez-vous ?

9 Au cinéma, combien de boîtes de pop-corn mangez-vous?

Commentaires

Vous avez moins de 7 points: Vous n'êtes pas gourmand(e). Vous pouvez même manger un peu plus!

Vous avez entre 8 et 14 points: Vous aimez bien manger mais vous mangez souvent un peu trop!

Vous avez plus de 15 points: Vous êtes vraiment trop gourmand(e). Attention aux kilos!

En plus ... unité 3

- say what you do to keep fit
- use the pronouns *lui* and *leur*

Est-ce que tu es en forme?

1 Fais du jogging pendant dix minutes. Comment ça va?
♥ Ça va bien. Tu n'es pas trop fatigué(e).
♠ Ça ne va pas bien. Tu es très fatigué(e).

2 Samedi soir, tes copains t'invitent à sortir.
♠ Tu leur proposes de rester à la maison pour regarder la télévision.
♥ Tu leur suggères le roller disco.

3 Ta copine est chez toi et elle a faim.
♥ Tu lui offres une salade et un jus de fruit.
♠ Tu lui proposes un hamburger et un coca.

4 Ton copain va faire une promenade en montagne.
♥ Tu lui demandes si tu peux l'accompagner.
♠ Tu lui prêtes ton appareil-photo. Tu restes à la maison.

5 Quelqu'un t'offre une cigarette.
♠ Tu lui demandes du feu.
♥ Tu lui expliques que tu ne fumes pas.

6 Onze heures. Tes parents te disent de te coucher.
♥ Tu leur obéis.
♠ Tu leur dis que tu n'as pas sommeil.

Notre analyse

Si tu as une majorité de ♥ : Bravo! Tu as une vie active. Tu es en forme.
Si tu as une majorité de ♠ : Aïe! Ça ne va pas. Tu n'es pas en forme. Fais un effort! La santé, c'est important!
3 ♥ et 3 ♠ : Tu n'es pas fanatique de la forme. Fais un petit effort!

1 Faites le jeu-test et lisez notre analyse.

ZOOM **grammaire:** *lui, leur*

lui and *leur* are pronouns.

lui (him or her) replaces   à + singular noun (one person)

Tu téléphones à un copain.   >   *Tu **lui** téléphones.*

leur (them) replaces   à + plural noun (people)

Tu téléphones à tes parents.   >   *Tu **leur** téléphones.*

1 How many examples of *lui* and *leur* can you find in the quiz? Make a list.
Example *Tu leur proposes de rester à la maison; Tu leur suggères le roller disco, ...*

2 Copy out and complete these sentences with *lui* or *leur*.
a Pierre parle à l'infirmière.
Il ...... parle.
b J'écris une lettre au dentiste.
Je ...... écris.
c Je vais expliquer à mes parents.
Je vais ...... expliquer.
d Tu as donné les aspirines à Julie et à Claire?
Tu ...... as donné les aspirines?
e Anne va téléphoner au médicin.
Elle va ...... téléphoner.
f Qu'est-ce que tu vas dire à ta mère?
Qu'est-ce que tu vas ...... dire?
g Elle ne répond pas à ses parents.
Elle ne ...... répond pas.

204

En plus ... unité 4

- understand publicity for a leisure activity
- buy a ticket for an activity

LA DESCENTE DE LA DORDOGNE
avec les canoës
SOLEIL PLAGE
Base de départ: Caudon de Vitrac

Règles élémentaires:
- il faut savoir nager
- il ne faut pas embarquer d'enfants qui ne savent pas nager
- il faut porter un gilet de sauvetage en bon état et fermé
- il faut utiliser un bateau équipé de réserves de flottabilité et d'anneaux de bosse
- il faut s'informer localement des difficultés de navigation

Parcours proposés:

	Prix par kayak (une personne)	Prix par canoë (deux personnes)	Prix par canoë (trois personnes)
SOLEIL PLAGE ⇨ CASTELNAUD 13 km de parcours	17€	23€	27€
SOLEIL PLAGE ⇨ LES MILANDES 17 km d'un parcours superbe	21€	27€	34€
Location à l'heure sur place	7€	8€	9€

Dans nos prix sont incluses la location du matériel (gilets de sauvetage, pagaies, containers) et les remontées en autobus.

1 Dans le texte, trouvez le français pour les expressions suivantes.
a a life jacket
b return by bus
c 13-kilometre route
d safety rings

2 Lisez l'annonce. Répondez aux questions en anglais pour un copain qui ne parle pas français.
a Can two people share a canoe?
b How much does it cost for a single canoe for an hour?
c What's the longest canoe trip?
d If we go to *Les Milandes* in a canoe, how do we get back here? Will that cost extra?
e Do you pay extra for a life-jacket?
f Do you have to be able to swim?

3 A achète des billets pour faire du canoë (situations a–d). B vend les billets. Puis, B achète des billets (situations e–h) et A vend les billets. Relisez le dialogue, page 43, pour vous aider.
a un canoë pour trois personnes pour une heure
b trois kayaks pour une personne pour le parcours Soleil Plage – Castelnaud
c quatre kayaks pour deux heures
d un canoë pour deux personnes pour le parcours Soleil Plage – Les Milandes
e un canoë pour deux personnes pour deux heures
f un kayak pour une personne pour le parcours Soleil Plage – Castelnaud
g quatre kayaks pour une heure
h un canoë pour trois personnes pour le parcours Soleil Plage – Les Milandes

En plus … unité 5

● report basic details of a breakdown/an accident
○ say 'I have just …' using *venir de* + infinitive

1a  Ecoutez et répétez les expressions-clés.

1b  Ecoutez six automobilistes sur une autoroute. Ils utilisent quelles expressions-clés?
Exemple   1 – a

2a 👥 Remettez cette conversation en ordre.
Exemple   e, …

> **a** Qu'est-ce que vous avez comme voiture?
> **b** On est en panne. On a un pneu crevé.
> **c** Vous êtes où?
> **d** Une Renault Clio.
> 1➜ **e** SOS-secours, j'écoute?
> **f** Sur l'autoroute A6, à 150 km de Paris.
> **g** D'accord. On arrive.

2b 👥 Adaptez la conversation aux autres problèmes.

3   S 👥 Ecoutez. Vous êtes sur l'autoroute avec votre ami anglais Simon. Aidez-le!

Expressions-clés

On est en panne.

 **a** On n'a plus d'essence.

 b On a un pneu crevé.

 **c** Le moteur ne marche plus.

On vient d'avoir un accident!

 **d** Il n'y a pas de blessés.

 **e** Il y a des blessés.

 **f** Il faut appeler une ambulance/la police.

Zoom grammaire:
venir de + infinitif

To say what has just happened, use *venir de* + infinitive.
We've just been to the park. = *On **vient d'aller** au parc.*

1 Give the English for these sentences.
   a Je viens d'arriver en France.
   b On vient d'avoir un accident.

2 Write out these sentences in French.
   a I've just phoned the police.
   b The ambulance has just arrived.

208 ➜

En plus … unité 6

● complain when things are not right in a hotel

1a 🔊 Ecoutez les sept conversations à la réception d'un hôtel. C'est quel dessin?

1b Reliez les dessins aux expressions-clés.

Expressions-clés 🔊

1 La douche ne marche pas.
2 Il n'y a pas de serviette.
3 Il n'y a pas de vue.
4 L'ascenseur est en panne.
5 L'hôtel est complet.
6 L'hôtel ne fait pas la pension complète.
7 Il faut verser des arrhes.

2 👥 Vous séjournez dans un hôtel horrible. Racontez!

Exemple

A: Dans mon hôtel, il n'y a pas de vue.
B: Dans mon hôtel, il n'y a pas de vue et l'ascenseur est en panne.
A: Dans mon hôtel, il n'y a pas de vue, l'ascenseur est en panne et la douche …

3 S🔊 Aidez votre ami Simon à l'hôtel! Ecoutez et suivez ses instructions.

des arrhes – *a deposit*
la pension complète – *full board*
la demi-pension – *half board*
la vue – *the view*
C'est embêtant – *it's a nuisance*

🔎Zoom grammaire: *les pronoms interrogatifs*

These pronouns are used to ask questions.
In activity 1, you hear: *quel/quelle* (which); *qu'est-ce que, qu'est-ce qui* (what)
Other pronouns are: *qui* (who); *que* (what).

1 👥 🔊 Listen again to activity 1a. Answer the questions.

1 **Quel** hôtel est complet?
2 **Qu'est-ce qui** est en panne?
3 **Qu'est-ce que** la chambre 123 n'a pas?
4 **Qui** a un problème avec la douche?
5 **Que** faut-il verser pour réserver la chambre?
6 **Quelle** chambre n'a pas de serviettes?
7 **Quels** repas peut-on prendre à l'hôtel Bellevue?

206

En plus ... unité 7

● review a film

Bye-bye

France, 1995   1 h 45
Comédie/drame social
Réalisation: Karim Dridi
avec Sami Bouajila, Nozha Khouadra,
Philippe Ambrosini, Frédéric Andrau.

Ça se passe à Marseille dans les années 90.
C'est l'histoire de deux frères d'origine tunisienne, Ismaël, 25 ans et Mouloud, 12 ans. Ils quittent Paris après un problème de famille et vont chez leur oncle à Marseille. Ismaël trouve du travail à Marseille. Mouloud rencontre des délinquants, des trafiquants de drogue …
Bye-bye parle de racisme, de délinquance, de drogue mais toujours avec humour et optimisme. On ne s'ennuie jamais, on rit, on pleure, on réfléchit.
L'histoire est passionnante et les personnages d'Ismaël et de Mouloud sont très sympathiques. Les acteurs sont vraiment excellents. C'est un film drôle et triste à la fois, à voir absolument!

1a Lisez la critique. Cherchez au maximum dix mots dans le dictionnaire.

1b Répondez aux questions **a–g**.
  a C'est quel genre de film?
  b Qui est le réalisateur?
  c Qui sont les acteurs?
  d Ça se passe où?
  e C'est l'histoire de qui?
  f Ça parle de quoi?
  g C'est comment?

2 Lisez et écoutez la critique de *Bye-bye*. Le journaliste fait quatre erreurs à la radio. Notez-les.

3 A vous! Choisissez un film et écrivez/enregistrez une critique. Aidez-vous des expressions-clés (soulignées dans le texte) et du modèle sur cassette.

Expressions-clés

Les détails du film
Le film s'appelle …
C'est un film avec …

L'histoire
Ça se passe à …, en/dans les années …
C'est l'histoire de…
Ça parle de …

Votre opinion
L'histoire est …
Les personnages sont …
Les acteurs sont …
C'est un film …

En plus ... unité 8

- return items explaining what is wrong with them
- ask for a refund or a replacement
- use *celui, celle, ceux* and *celles*

1 Reliez chaque dessin à un problème.
Exemple   1 – b
a ça ne me plaît pas
b ce n'est pas ma taille
c c'est abîmé
d la fermeture éclair est cassée

2  Ecoutez les cinq conversations. Recopiez et complétez la fiche pour chacune, comme dans l'exemple.
Exemple

Article	pull
Problème	pas la taille
Ticket de caisse	oui
Echangé	oui
Remboursé	

3 A est le client/la cliente. **B** est le vendeur/la vendeuse. Regardez les fiches et adaptez la conversation-clé. Puis, changez de rôles.

Conversation-clé S

A: J'ai acheté ce/cette/cet/ces … mais ça ne me plaît pas / ce n'est pas ma taille / c'est abîmé / la fermeture éclair est cassée.
B: Vous avez le ticket de caisse?
A: Oui, je l'ai. / Non, je ne l'ai plus. C'est possible d'échanger/d'être remboursé?
B: Oui, c'est possible. / Non, ce n'est pas possible.

ZOOm grammaire:
celui, celle, ceux, celles

To say 'this, that, these, those' + noun, use *ce/cet/cette/ces* (see page 77).
To avoid repeating the noun and say 'this one, that one, these/those', use *celui, celle, ceux, celles*. You can add *-ci* or *-là* when pointing.

m	f	pl. m	pl. f
ce (cet)	cette	ces	ces
celui	celle	ceux	celles

1a Listen to the recording for activity 2 again. In which conversations can you hear *celui, celle, ceux*, or *celles*?

J'ai acheté **ce** pull mais je préfère **celui**-là.

1b Copy out the sentences and complete with *celui, celle, ceux* or *celles*.
a Vous prenez cette chemise? Non, je vais prendre …… -là.
b J'adore ces baskets. Moi, je préfère …… -ci.
c Il est trop cher, ce blouson! Je vais prendre …… -là.
d J'ai acheté ces gants mais je préfère …… -ci.

 206

En plus … unité 9

	En France	Chez nous
On porte un uniforme	non	oui
Le mercredi après-midi	on n'a pas cours	
Le samedi matin	on a souvent cours	
Les cours commencent	en général à 8 heures	
Les cours se terminent	en général à 5 heures	
Jours de classe par an	180	
Heures de classe par semaine (dans le secondaire)	30	
Les grandes vacances durent	9 semaines	
La première année du collège s'appelle	la sixième	
Les profs organisent des activités en dehors des cours	rarement	
On passe les examens	en juin	

1 Recopiez le tableau. Complétez la colonne *chez nous.*

2a Vrai ou faux?
   a En France, les cours commencent plus tôt que chez nous.
   b En France, il y a plus de jours de classe par an que chez nous.
   c Les Français ont plus d'heures de classe par semaine que nous.
   d En France, les grandes vacances sont moins longues que chez nous.
   e En France, les professeurs organisent moins d'activités en dehors des classes.

2b 📼 Ecoutez les cinq commentaires. Vrai ou faux?

3 Comparez votre école avec les écoles en France. Faites des phrases comme dans l'exemple. (*tandis que* = whereas)
Exemple *Dans notre collège, on porte un uniforme, tandis qu'en France on ne porte pas d'uniforme.*

4 👥 A dit une phrase du tableau. **B** donne son opinion. Puis, changez de rôles.
Exemple
A: En France, on n'a pas cours le mercredi après-midi.
B: A mon avis, c'est une excellente idée.
ou Je trouve que c'est ridicule.

En plus ... unité 10

- talk about a day at work
- use perfect tense verbs that take *être*

Une journée de la vie d'un moniteur

1 Lisez la bande dessinée. Faites une liste de tous les verbes avec *être* au passé composé. Traduisez en anglais.
Exemple *je me suis réveillé à six heures –*
I woke up at six o'clock

2 Imaginez! Décrivez la journée suivante.

En plus ... unité 11

- describe the climate
- understand a weather forecast

1 Regardez la carte à droite et lisez les notes. Quel climat préférez-vous?

2 Ecoutez les quatres descriptions. De quelle ville parle-t-on?

Climat continental:
- hiver froid, été chaud
- pluies violentes

Climat atlantique:
- hiver doux, été frais et humide
- pluies fines abondantes en toutes saisons

Climat montagnard:
- hiver long et froid, été court et pluvieux
- neige en hiver

Climat méditerranéen:
- hiver doux, été sec et chaud
- vent violent

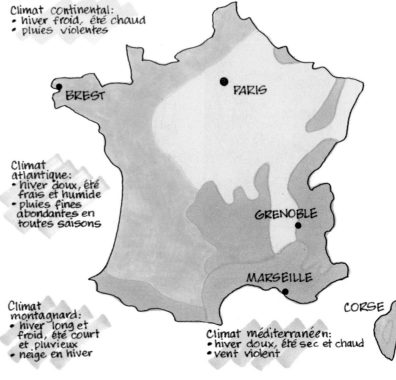

A

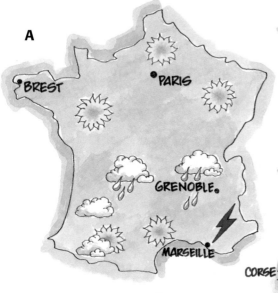

B

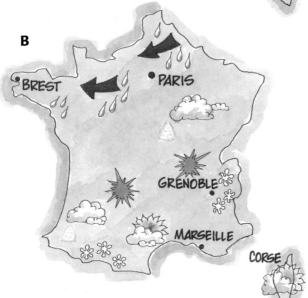

3a Ecoutez le bulletin-météo et retrouvez la bonne carte A ou B.

3b Faites le bulletin météo pour l'autre carte. Utilisez les expressions-clés.

Expressions-clés

L'été est chaud/pluvieux.
L'hiver est doux/sec/froid/humide.

Demain,	il **fera**	beau/chaud/gris
	le temps **sera**	couvert/orageux
	il y **aura**	du vent/des nuages/des éclaircies

███████ = verbes au futur

En plus ... unité 12

● prepare for a job interview

1a 🔊 Ecoutez bien et suivez les questions de l'interviewer.

1b 🔊 Réécoutez. Choisissez **a** ou **b**.

1 Sophie a
   a seize ans.
   b dix-sept ans.

2 Elle est en
   a seconde.
   b première.

3 Elle aime
   a le badminton et le judo.
   b le tennis et le cyclisme.

4 Elle est
   a paresseuse.
   b travailleuse.

5 Elle a déjà travaillé
   a dans un restaurant.
   b dans une usine.

6 A l'usine, on travaille de 8 heures à
   a 15 h 30.
   b 16 h 15.

7 Le salaire est de
   a 35 euros par jour.
   b 38 euros par jour.

8 On va contacter Sophie
   a par lettre.
   b par téléphone.

2 👥 Jeu de rôle. **A** est le candidat/la candidate. **B** est Monsieur ou Madame Saubusson. Imaginez l'interview.

CAMPING ROCHELAIS
rue du Château
07460 Banne

Nous cherchons des étudiants (16 ans +) pour travail à la réception et à la cafétéria pendant la saison.

S'adresser à Monsieur ou Mme Saubusson, à partir d'avril.

Sophie veut travailler dans une usine pendant les vacances d'été. Elle a une interview.

Interviewer:	Bonjour. Entrez. Asseyez-vous. Comment vous appelez-vous?
Sophie:	Je …
Interviewer:	Vous avez quel âge?
Sophie:	J'ai …
Interviewer:	Vous habitez où?
Sophie:	J'…
Interviewer:	Vous êtes au lycée?
Sophie:	*école, classe, forte en quelles matières, examens*
Interviewer:	Quels sont vos passe-temps?
Sophie:	*quoi, quand, où, pourquoi*
Interviewer:	Quelles sont vos qualités?
Sophie:	Je …
Interviewer:	Vous avez de l'expérience? Vous avez déjà travaillé?
Sophie:	J'ai …
Interviewer:	Pourquoi voulez-vous travailler comme ouvrière?
Sophie:	Parce que …
Interviewer:	Vous avez des questions?
Sophie:	*horaires, salaire ???*
Interviewer:	Je vous contacterai par téléphone ce week-end.

En plus ... unité 13

- read and understand an invitation to a flatwarming party
- understand direct and indirect object pronouns

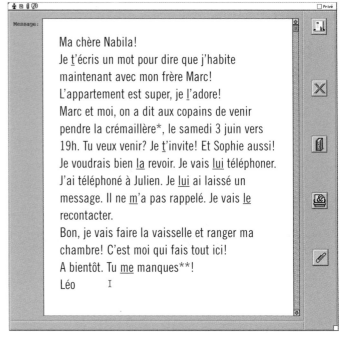

Ma chère Nabila!
Je t'écris un mot pour dire que j'habite maintenant avec mon frère Marc!
L'appartement est super, je l'adore!
Marc et moi, on a dit aux copains de venir pendre la crémaillère*, le samedi 3 juin vers 19h. Tu veux venir? Je t'invite! Et Sophie aussi!
Je voudrais bien la revoir. Je vais lui téléphoner.
J'ai téléphoné à Julien. Je lui ai laissé un message. Il ne m'a pas rappelé. Je vais le recontacter.
Bon, je vais faire la vaisselle et ranger ma chambre! C'est moi qui fais tout ici!
A bientôt. Tu me manques**!
Léo

1 Lisez le message de Léo. Trouvez:
a la date et l'heure de la fête.
b deux travaux ménagers.

2 Relisez le message et répondez aux questions.
a Avec qui habite Léo?
b Comment est l'appartement?
c Qu'est-ce que Marc et Léo vont faire le 3 juin?
d Qui est invité?

* pendre la crémaillère – *to have a housewarming party*
** tu me manques – *I miss you*

3 Ecrivez/Enregistrez le message de Léo à Julien.

ZOOM grammaire: *les pronoms d'objet direct et indirect*

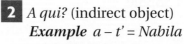

The underlined words in Léo's message are called pronouns. They replace other words. To find out which words, answer the following questions.

1 *Qui* or *quoi*? (direct object)
Example a – l' = l'appartement
a Léo adore *quoi*?
b Il invite *qui*?
c Il voudrait revoir *qui*?
d Julien n'a pas rappelé *qui*?
e Léo va recontacter *qui*?

2 *A qui?* (indirect object)
Example a – t' = Nabila
a Léo écrit *à qui*?
b Il va téléphoner *à qui*?
c Il a laissé un message *à qui*?
d Nabila manque *à qui*?

subject pronoun	direct object pronoun	indirect object pronoun
je (I)	me/m' (me)	me/m' (to me)
tu (you)	te/t' (you)	te/t' (to you)
il (he)	le/l' (him)	lui (to him)
elle (she)	la/l' (her)	lui (to her)

204

En plus ... unité 14

● say what you do or don't do to protect the environment

Il faut ou il ne faut pas … ?

a acheter du papier recyclé
b utiliser des aérosols
c jeter les sacs en plastique
d recycler les emballages
e planter des fleurs et des arbres
f jeter les papiers gras
g prendre beaucoup de bains
h acheter des produits biodégradables

1 Reliez les dessins aux expressions **a–h**.
Exemple   1 – a

2a Faites deux listes. Pour être écolo, …

il faut	il ne faut pas
planter des fleurs et des arbres	jeter les papiers gras

2b Ecoutez pour vérifier, puis répétez.

2c Trouvez des raisons.
Exemple   Il faut acheter du papier recyclé pour protéger les arbres. Il ne faut pas utiliser d'aérosols parce que ça abîme la couche d'ozone.

3 Nabila et Léo discutent. Léo est-il écolo?
Notez ses réponses.
Exemple   a – j'en achète (de temps en temps).

4 Interviewez votre partenaire.
Exemple
A: Tu achètes du papier recyclé?
B: Non, je n'en achète pas. Tu en achètes, toi?
A: Oui, j'en achète.
B: Tu recycles les emballages?
A: Oui, je les recycle.

Rappel

J'achète **du** papier recyclé.
– Moi aussi, j'achète **du** papier recyclé.
– Moi aussi, j'**en** achète.

Je recycle **les** emballages.
– Moi, je ne recycle pas **les** emballages.
– Moi, je ne **les** recycle pas.

En plus … unité 15

- report a loss (when and where)
- describe the item lost (material, size, shape, colour, make, contents)

> Oh non! J'ai perdu mon portefeuille … ou on m'a volé mon portefeuille! En tout cas, je ne l'ai plus!

Les quatre amis ont passé un super week-end à Londres. Mais, arrivés en France … catastrophe!

Léo est allé au bureau des objets trouvés. Va-t-il retrouver son portefeuille?

1 📼 Ecoutez la conversation de Léo au bureau des objets trouvés. Son portefeuille est là? Si oui, lequel est-ce?

a   b   c

2a 📼 👥 Ecoutez la conversation-clé. Lisez et jouez-la.

2b 👥 Imaginez la conversation pour les deux autres portefeuilles. Aidez-vous de la conversation-clé. Inventez les détails!

3 👥 Maintenant, adaptez la conversation-clé pour les articles suivants.

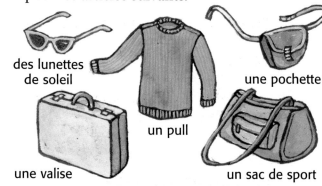

des lunettes de soleil

un pull

une pochette

une valise

un sac de sport

Conversation-clé S 📼

A: J'ai perdu *mon portefeuille*.
B: Où avez-vous perdu votre *portefeuille*?
A: Je ne sais pas. Peut-être *dans le train*.
B: Quand l'avez-vous perdu?
A: *Ce matin* …
B: Il est comment?
A: C'est *un gros portefeuille, rectangulaire*, en *cuir noir*. Il est *neuf*. Dedans, il y a *mes papiers, de l'argent et des photos*.
B: C'est le/la/les vôtre(s)?
A: Oui, c'est ça!/ Non, ce n'est pas ça.

205

le mien, la mienne, les miens, les miennes = mine
le vôtre, la vôtre, les vôtres = yours

Revise! Guide examen, page 143
Colours and materials, page 77.

En plus ... unité 16

● complain when things go wrong in a restaurant

1a Reliez les expressions-clés aux dessins.

1b Ecoutez pour vérifier.

2 Regardez les dessins à droite. Ça ne va pas. A vous de vous plaindre au serveur!

Expressions-clés

a Je n'ai pas commandé ça!
b Mon café est froid.
c Il y a une erreur dans l'addition.
d S'il vous plaît! Je peux avoir le menu?
e Mon verre est sale.
f Je n'ai pas de couteau.

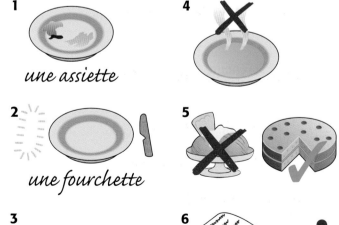

1 une assiette

2 une fourchette

3 une cuillère ?

4

5

6 !

Grammaire

Introduction

Like all languages, French has grammatical patterns or "rules". Knowing them helps you understand how French works. Here is a summary of the main points of grammar covered in books 1 to 4 of *Equipe*.

Glossary of terms

adjective	*un adjectif*	describes a noun
adverb	*un adverbe*	describes a verb, adjective or other adverb
determiner	*un déterminant*	goes before a noun to introduce it (e.g. *le, un, mon, ce*)
noun	*un nom*	a person, animal, place or thing
plural	*le pluriel*	more than one of something
preposition	*une préposition*	describes position: where something is
pronoun	*un pronom*	a short word used instead of a noun or name
singular	*le singulier*	one of something
verb	*un verbe*	a doing, being or having word

1 Nouns and determiners
les noms et les déterminants

1.1 Masculine and feminine

All French nouns are either masculine or feminine. The determiner (the word which introduces the noun) can help you work out whether the noun is masculine (m.) or feminine (f.) and whether it is singular (sing.) or plural (pl.).

Here are the most common determiners:

	Singular		Plural m. and f. words
	Masculine words	Feminine words	
a or *an*	un	une	des
the	le/l'*	la/l'*	les

un *billet*	**une** *gare*	**des** *trains*
le *tableau*	**la** *classe*	**les** *élèves*

* Use *l'* in front of words that start with a vowel or an *h*:
l'hôtel (m)   *l'armoire (f)*

1.2 Singular and plural

Most French nouns add *-s* to make them plural, just as in English:

le copain ➜ *les copains*

Some nouns do not follow this regular pattern:

- nouns ending in *-al* usually change to *-aux*:
un animal ➜ *des animaux*

- nouns already ending in *-s, -x* or *-z* usually stay the same:
le bras ➜ *les bras*   *le prix* ➜ *les prix*

- nouns ending in *-eau* or *-eu* add *-x*:
un château ➜ *des châteaux*
un jeu ➜ *des jeux*

- a few nouns change completely:
un œil ➜ *des yeux*

1.3 de + noun (partitive)

Remember:

de + le ➜ *du*   *de + la* ➜ *de la*
de + l' ➜ *de l'*   *de + les* ➜ *des*

Use *du, de la, de l'* or *des* + noun when you want to say *some* or *any*:
*On a mangé **du** pain grillé avec **de la** confiture.* — We ate **some** toast with jam.
*Tu veux **des** petits pois?* — Do you want **any** peas?

- Use noun + *de* + noun to show who (or what) things belong to:
*la guitare **de Nabila*** — **Nabila's** guitar
*la table **des Lemercier*** — **the Lemerciers'** table

(See 8.2 for *de* with negatives.)

1.4 ce, cet, cette, ces + noun (demonstrative adjectives)

ce, cet, cette, ces are the determiners you use to say *this, that, these* or *those*.

	singular	plural
masculine	ce/cet*	ces
feminine	cette	ces

* *cet* is used before masculine singular words that begin with a vowel or a silent *h* (*cet étage, cet hôtel*).

*Tu aimes **ce** sweat bleu?* — Do you like **this** blue sweat-shirt?
*Je ne connais pas **cette** rue.* — I don't know **that** street.
*J'ai réservé dans **cet** hôtel.* — I've made a reservation at **that/this** hotel.
*Je prends **ces** chaussures.* — I'll take **these** shoes.

- To distinguish more clearly between *this* and *that* or *these* and *those*, you can add *-ci* or *-là* after the noun:
*J'aime **cette** chemise-**ci** mais je n'aime pas **cette** chemise-**là**.*
I like **this** shirt but I don't like **that** shirt.

(See 6.11 for demonstrative pronouns: *celui-ci/là, celle-ci/là*, etc.)

1.5 *mon, ma, mes* (possessive adjectives)

These are determiners which indicate who the thing, person or object belongs to. In French, the word for *my, your, his, her,* etc. changes according to whether the noun which follows is masculine, feminine, singular or plural.

	singular		plural
	masculine	feminine*	masculine or feminine
my	mon	ma	mes
your	ton	ta	tes
his/her	son	sa	ses
our	notre	notre	nos
your	votre	votre	vos
their	leur	leur	leurs

* before a feminine noun that begins with a vowel, use *mon, ton, son (ton amie, mon imagination, son opinion)*.

Sa *sœur déteste* **ton** *frère.*
His sister hates **your** brother.

Il a mangé **mes** *sandwichs.*
He ate **my** sandwiches.

Vous avez **votre** *voiture?*
Do you have **your** car?

Je n'aime pas **mon** *armoire blanche.*
I hate **my** white wardrobe.

(See 6.9 for possessive pronouns: *le mien, la mienne,* etc.)
(See 1.3 for *de* + noun)

1.6 Other determiners (indefinite adjectives)

chaque   each
Chaque *maison a un jardin.*

autre(s)   other
*J'ai vu Sophie l'***autre** *jour.*

même(s)   same
J'ai le **même** *CD.*

n'importe quel(le)(s)   any
Tu trouveras ça dans **n'importe quelle** *pharmacie.*

quelque(s)   some, a few
Elle est partie avec **quelques** *copains.*

plusieurs   several
Il est resté **plusieurs** *jours à Paris.*

tout, toute, tous, toutes   all
Il a mangé **tous** *les gâteaux.*

2 Adjectives   *les adjectifs*

2.1 Form of adjectives

In French, adjectives have different endings depending on whether the words they describe are masculine or feminine, singular or plural.

These are the adjective endings:

	singular	plural
masculine	add nothing	add -s*
feminine	add -e	add -es

* no change in pronunciation

Mon frère est têtu.   *Mes frères sont têtus.*
Ma sœur est têtue.   *Mes sœurs sont têtues.*

Some adjectives do not follow this regular pattern:

- adjectives ending in *-eur* or *-eux* usually change to *-euse* in the feminine:
  un père travailleur → *une mère travailleuse*
  un père courageux → *une mère courageuse*

- adjectives which already end in *-e* don't need to add another one in the feminine (but they do add *-s* when they describe plural words):
  un frère timide → *une sœur timide*
  des enfants timides

- a few adjectives stay the same whether they are masculine or feminine, singular or plural:
  sympa, super, marron
  un cousin sympa, une cousine sympa, des cousins sympa

- some adjectives have their own pattern:

m. singular	f. singular	m. plural	f. plural
beau*	belle	beaux	belles
nouveau*	nouvelle	nouveaux	nouvelles
bon	bonne	bons	bonnes
gros	grosse	gros	grosses
vieux*	vieille	vieux	vieilles

* become *bel, nouvel, vieil* before a masculine noun that starts with a vowel: *le nouvel an*

2.2 Position of adjectives

In French, most adjectives go <u>after</u> the noun:
les yeux **bleus***, des cheveux* **longs***, un copain* **sympa**

Some adjectives come <u>before</u> the noun:
grand   petit   jeune   vieux   bon
mauvais   nouveau   beau   gros
un **nouveau** *jean   la* **jeune** *fille   de* **bonnes** *idées*

3 Adverbs   *les adverbes*

Adverbs are words which you can use to describe a verb or an adjective. In English, most adverbs end in *-ly*.

To form French adverbs, you usually add *-ment* to the feminine form of the adjective:

heureux ➔ *heureuse* ➔ *heureusement (happily)*
complet ➔ *complète* ➔ *complètement (completely)*

Some common exceptions:
très (very), *assez* (rather), *trop* (too), *vite* (quickly),
beaucoup (a lot), *bien* (well), *mal* (badly).

*Il est **complètement** fou.*	He's **completely** crazy.
*Vous chantez **bien**.*	You sing **well**.
*Elle parle **très lentement**.*	She speaks **very slowly**.

● Other adverbs (indefinite adverbs):
n'importe où (anywhere), *n'importe quand* (any time),
n'importe comment (any how), *même* (even),
tout (all/quite/completely).

(See 9 for question words: *comment, quand,* etc.)

● Quantifiers

– with adjectives and adverbs:
assez   rather
*Il est **assez** timide.*   He's **rather** shy.

très   very
*Je suis **très** fatigué.*   I'm **very** tired.

trop   too
*Elle parle **trop** vite.*   She speaks **too** fast.

– with verbs:
pas beaucoup   not much
*Il n'aime **pas beaucoup** lire.*
He doesn't **much** like reading.

un peu   a bit
*Nous regardons **un peu** la télé le soir.*
We watch TV **a bit** at night.

bien   quite, really
*J'aime **bien** courir.*
I **really** like running.

beaucoup   a lot
*Elle aime **beaucoup** le chocolat.*
She likes chocolate **a lot**.

– with nouns:
see *Useful phrases*, page 217, for expressions of quantities.

4 Comparing   *la comparaison*

4.1   The comparative

To compare, use *plus, moins* or *aussi*:

plus + adjective/adverb + *que*	more … than
moins + adjective/adverb + *que*	less … than
aussi + adjective/adverb + *que*	as … as

– with an adjective:
*Le livre est **plus** intéressant **que** le film.*
The book is **more** interesting **than** the film.

*L'appartement est **moins** cher **que** la maison.*
The flat is **less** expensive **than** the house.

*Elle est **aussi** grande **que** moi.*
She's **as** tall **as** me.

● *Bon* (good) and *mauvais* (bad) are exceptions:

bon ➔ *meilleur*
*Le film est **meilleur que** le livre.*
The film is **better than** the book.

mauvais ➔ *pire*
*Le livre est **pire que** le film.*
The book is **worse than** the film.

– with an adverb:
*Il parle **plus** lentement **que** le prof.*
He speaks **more** slowly **than** the teacher.

*Il nage **moins** vite **que** Marc.*
He swims **less** fast **than** Marc.

*Elle joue **aussi** bien **que** Sophie.*
She plays **as** well **as** Sophie.

● One exception: *bien* ➔ *mieux*:
*Il joue bien mais je joue **mieux que** lui.*
He plays well but I play **better than** him.

4.2 The superlative

To say *the most* or *the least*, use *le, la* or *les* in front of *plus* or *moins* + adjective/adverb.

– with an adjective:
*C'est l'histoire **la plus intéressante**.*
It is the **most interesting** story.

*Le film **le moins violent**.*　　The **least violent** film.
*Les effets **les plus géniaux**.*　The **most spectacular** effects.

– ● Exceptions:
*Le **meilleur** film de l'année*
The **best** film of the year

*La **pire** comédie des années 90*
The **worst** comedy of the nineties

– with an adverb:
*Il court **le plus** vite.*
He runs the **fastest**.

*C'est Nabila qui chante **le moins bien**.*
It's Nabila who sings the **least well**.

● One exception: *le mieux* (the best):
*Qui fait **le mieux** la cuisine?*
Who cooks **the best**?

5 Prepositions *les prépositions*

5.1 *à* (at, to, in, on)

● Talking about time
Use *à* to mean *at* when you talk about times.

*Il arrive **à** quatre heures.*
He's coming **at** four o'clock.

● Talking about a place
*On se retrouve **à** la piscine.*　We're meeting **at** the pool.
*Il est allé **à** Strasbourg.*　　He went **to** Strasbourg.
*J'habite **à** la campagne.*　　I live **in** the countryside.

● Other uses
à 10 kilomètres	10 kilometres **away**
à 10 minutes	10 minutes **away**
*à pied/**à** vélo*	**on** foot/**by** bike
à Noël	**at** Christmas

Important! With masculine or plural places, the *à* combines with the *le* or *les* in front of the noun to form a new word:

à + le ➔ *au*　　　　*à + les* ➔ *aux*

*Il est **au** cinéma.*　　He's **at** the cinema.
*Elle va **aux** Halles.*　She is going **to** Les Halles.

singular		plural
masculine	feminine	masculine or feminine
au*	à la	aux

* *à l'* before a vowel or a silent *h*: *à l'opéra, à l'hôpital*

5.2 *de*

*Je viens **de** Paris.*　　I come **from** Paris.
*Il téléphone **d'**une cabine.*　He's calling **from** a phone booth.

*le livre **de** ma mère*　my mother**'s** book
*les vacances **de** Noël*　the Christmas holidays
de 8 h à 17 h　　　　**from** 8am to 5pm

Important! With a masculine or a plural, *de* combines with the *le* or *les* in front of the noun to form a new word:

de + le ➔ *du*　　　*de + les* ➔ *des*

*C'est le pull **du** prof.*　It's the teacher**'s** sweater.
*Ce sont les photos **des** vacances.*　They're the holiday photos.

singular		plural
masculine	feminine	masculine or feminine
du	de la	des

5.3 *en* (in, to)

● Talking about countries

Most countries are feminine. To say *in* or *to* these countries, use the word *en*:
*Vous allez **en** France?*　Are you going **to** France?
*J'habite **en** Ecosse.*　I live **in** Scotland.

For masculine countries, use *au* instead (or *aux* if the country is plural):
*Cardiff est **au** pays de Galles.*　Cardiff is **in** Wales.
*Je vais **aux** Antilles.*　I'm going **to** the West Indies.

● Talking about time
en juin	**in** June
en été	**in** summer
en 2000	**in** 2000
en une heure	**in** an hour

(See 6.5 for *en* as a pronoun.)

- Talking about transport
  en *bateau* — **by** boat

- Other uses
  en *anglais* — **in** English
  en *coton* — **in/made of** cotton
  en *bleu* — **in** blue
  en *vacances* — **on** holiday
  en *désordre* — **in** a mess
  en *forme/bonne santé* — **in** good shape/health

5.4 Prepositions of position

Some prepositions tell you the position of something:

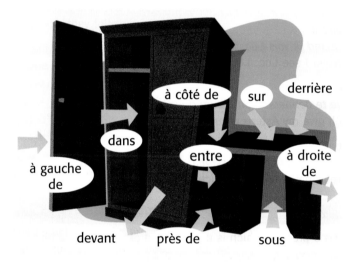

à côté de — sur — derrière — dans — à gauche de — entre — à droite de — devant — près de — sous

5.5 Other common prepositions

après	**après** *l'école*	**after** school
avant	**avant** *demain*	**before** tomorrow
avec	**avec** *Sophie*	**with** Sophie
chez	**chez** *moi*	**at/to** my place
	chez *le docteur*	**at/to** the doctor's
depuis	**depuis** *trois ans*	**for** three years
	depuis *1987*	**since** 1987
par	**par** *le train*	**by** train
	par *ici/là*	this/that **way**
pendant	**pendant** *les vacances*	**during** the holidays
	pendant *deux ans*	**for** two years
pour	**pour** *toi*	**for** you
	pour *un an*	**for** a year
sans	**sans** *toi*	**without** you
	sans *regret*	**without** any regret
vers	**vers** *8 heures*	**at about** 8 o'cock
	vers *Paris*	**near** Paris

5.6 Linking words (conjunctions)

Some common linking words are:

alors — then/so
*Il n'est pas venu, **alors** je suis partie.*
He didn't come, **so** I left.

donc — therefore, so
*Il n'est pas là, il ne peut **donc** pas m'aider!*
He isn't here, **so** he can't help me!

et — and
*Ma mère est venue **et** elle m'a parlé.*
My mother came **and** she talked to me.

mais — but
*Il mange des œufs **mais** il n'aime pas ça.*
He eats eggs **but** he doesn't like them.

ou (bien) — or
*Je vais aller à Paris **ou** à Marseille.*
I'm going to Paris **or** Marseille.

parce que — because
*La chambre était super **parce qu'**il y avait une vue.*
The room was great **because** it had a view.

pourtant — yet, although
*J'aime dessiner et **pourtant** je suis nulle!*
I like drawing and **yet** I'm useless at it!

puis — then/next
*Lisez le texte **puis** répondez aux questions.*
Read the text **then** answer the questions.

quand — when
*Elle est contente **quand** il est là.*
She's happy **when** he's there.

6 Pronouns *les pronoms*

A pronoun is a small word which is used instead of a noun. It helps to avoid repetition.

*Ma copine s'appelle **Anne**.*
***Anne** a quinze ans. = **Elle** a quinze ans.*

My friend's name is **Anne**.
Anne is fifteen. = **She** is fifteen.

6.10 Interrogative pronouns

(See 9 for asking questions.)

6.11 Demonstrative pronouns

The demonstrative pronoun *celui* (the one) agrees with the noun it replaces:

	singular	plural
masculine	celui	ceux
feminine	celle	celles

*Regarde <u>la robe</u>, **celle** qui est en vitrine.*
Look at <u>the dress</u>, **the one** in the window.

*J'aime bien <u>mon pull</u> mais je préfère **celui** de Paul.*
I like <u>my pullover</u> but I prefer **Paul's**.

After *celui*, you can add *-ci* or *-là* for greater emphasis or to contrast two items:
*Je voudrais des sandales. **Celles-ci** ou **celles-là**?*
I'd like some sandals. **These** or **those**?

- *Ce/C'* is mostly used with the verb *être*.
  ***Ce** sont mes amis.*   **They** are my friends.
  ***C'est** bon.*   **It's** nice.

- *Cela* (meaning *that/it*) is often shortened to *ça*.
  *Le ski? J'adore **ça**!*   Skiing? I love **it**.
  ***Ça/Cela** ne me va pas.*   **That/It** doesn't suit me.

6.12 Indefinite pronouns

Commonly used indefinite pronouns are: *quelque chose* (something), *quelqu'un* (someone), *tout/tous* (all), *autre(s)* (other), *chacun* (each).

*Tu veux faire **quelque chose**?*   Do you want to do **something**?
*J'ai parlé à **quelqu'un**.*   I spoke to **somebody**.
*C'est **tout**?*   Is that **all**?
*Mes copains sont **tous** venus.*   **All** my friends came.

*J'ai mangé ma pomme. J'en voudrais une **autre**.*
I've eaten my apple. I'd like **another one**.

*Donne un livre à **chacun**.*   Give **each person** a book.

- Other indefinite pronouns are: *quelques-uns* (some, a few), *plusieurs* (several), *certains* (some), *n'importe qui* (anyone), *n'importe quoi* (anything), *pas grand-chose* (not a lot).

  *Tu as des CD de Kassav'? Oui, j'en ai **quelques-uns**.*
  Do you have any Kassav' CDs? Yes, I have **a few**.

  *Il y en a **plusieurs** dans ma chambre.*
  There are **several** in my bedroom.

N'importe qui peut faire ça.
Anyone can do that.

*Il ne faut pas faire **n'importe quoi**.*
You can't just do **anything**.

*Je ne sais **pas grand-chose** en biologie.*
I don't know **a lot** in biology.

(See also 7.13 for reflexive pronouns.)

7 Verbs   *les verbes*

7.1 The infinitive

If you want to look up a verb in a dictionary, you have to look up the infinitive.

Infinitives in French end with *-er*, *-re*, *-ir* or *-oir/-oire*.
For example: *écouter, prendre, choisir, pouvoir, boire*.

(See also 7.16 and 7.17.)

7.2 The present tense

A verb in the present tense describes an action which is taking place now or which takes place regularly:

***Je vais** au cinéma.*   *(now)* **I am going** to the cinema.
***Je vais** au cinéma le lundi.*   Every Monday **I go** to the cinema.

Verb endings change according to who is doing the action:
***Je** regarde la télé.*   ***Nous** regardons la télé.*

Most French verbs follow the same pattern. They have regular endings.

- Regular endings in the present tense
- for verbs that end in *-er*, like *aimer*:

j'	aime	nous	aim**ons**
tu	aim**es**	vous	aim**ez**
il/elle/on	aime	ils/elles	aim**ent**

Other regular *-er* verbs: *adorer, détester, écouter, habiter, jouer, préférer, regarder*.

- for verbs that end in *-ir*, like *choisir*:

je	chois**is**	nous	chois**issons**
tu	chois**is**	vous	chois**issez**
il/elle/on	chois**it**	ils/elles	chois**issent**

Other regular *-ir* verbs: *finir, remplir*.

– for verbs that end in -re, like *vendre*:

je	vend**s**	nous	vend**ons**
tu	vend**s**	vous	vend**ez**
il/elle/on	vend	ils/elles	vend**ent**

Other regular -re verbs: *attendre, descendre, répondre.*

- Irregular verbs in the present tense
  Some verbs do not follow these regular patterns. Look at pages 212–215 for some of the most useful ones.

7.3 The perfect tense

A verb in the perfect tense describes an action which happened in the past. There is more than one way to translate the perfect tense *(passé composé)* in English:
J'ai mangé une pomme.
I ate an apple. or **I have eaten** an apple.

For the perfect tense, you need two parts: the present tense of *avoir* or *être* + the past participle of the main verb. See 7.4, 7.5 and 7.6.

present tense of *avoir* or *être*	+	past participle of main verb

↓

perfect tense

7.4 The past participle

To form the past participle, take the infinitive of the verb and change the ending:
- infinitives ending -er: take off the -er and add -é
  mang~~er~~ → mang**é**   parl~~er~~ → parl**é**

- infinitives ending -ir: take off the -r
  choisi~~r~~ → chois**i**   sorti~~r~~ → sort**i**

- infinitives ending -re: take off the -re and add -u
  vend~~re~~ → vend**u**   descend~~re~~ → descend**u**

There are exceptions to this rule and you will need to learn them by heart. Some common irregular past participles are:

avoir	→ **eu**	être	→ **été**
faire	→ **fait**	venir	→ **venu**
lire	→ **lu**	écrire	→ **écrit**
mettre	→ **mis**	prendre	→ **pris**
voir	→ **vu**	boire	→ **bu**
pouvoir	→ **pu**	vouloir	→ **voulu**
devoir	→ **dû**		

See the tables on pages 212–215 for a fuller list.

7.5 *Avoir* + past participle

Most verbs take *avoir*: *avoir* + past participle

j'	ai	chanté
tu	as	chanté
il	a	chanté
elle	a	chanté
on	a	chanté
nous	avons	chanté
vous	avez	chanté
ils	ont	chanté
elles	ont	chanté

7.6 *Etre* + past participle

Some verbs make their *passé composé* with *être* rather than *avoir*. They are mostly verbs that indicate movement. Learn them by heart.

Try learning them in pairs:
arriver / partir	to arrive / to leave
entrer / sortir	to go in / to go out
rentrer / retourner	to go home / to go back to
aller / venir	to go / to come
monter / descendre	to go up / to go down
tomber / rester	to fall / to stay

Naître (to be born), *mourir* (to die) and <u>all reflexive verbs</u> also make their *passé composé* with *être* (see page 213 for the full pattern of *se coucher*).

- The ending of the past participle changes when it comes after *être* in the *passé composé*. It agrees with whoever, or whatever, is doing the action (masculine/feminine, singular/plural).

Je suis allé en France. (Il est allé en France.)

Je suis allée en France. (Elle est allée en France.)

Vous êtes allés en France?
Oui, nous sommes allés en France.
On est allés en France. (Ils sont allés en France.)

Vous êtes allées en France?
Oui, nous sommes allées en France.
On est allées en France. (Elles sont allées en France.)

(See 8.7 for negatives in the perfect tense.)
(See 7.13 for reflexive verbs in the perfect tense.)

7.7 The imperfect tense

The imperfect tense is used:

1 to say what someone was like or how things were in the past:

J'*étais* content(e).	I **was** happy.
C'*était* génial!	It **was** great!
Les gens *étaient* sympa.	The people **were** nice.
Il *y avait* du vent.	**It was** windy.

2 to say what someone was doing in the past:

Léo *faisait* ses devoirs quand je suis arrivé.
Léo **was doing** his homework when I arrived.

3 to describe an action which used to happen or happened often in the past:

Je *commençais* à huit heures le matin.
I **used to start** at eight o'clock in the morning.

Il *travaillait* dans un bureau.
He **used to work** in an office.

To form the imperfect tense, take the *nous* form of the verb in the present tense (except *être* – see below) and remove the *-ons*.

aller → nous all~~ons~~ → all-
faire → nous fais~~ons~~ → fais-

Then add the correct ending according to who is doing the action:

faire

je	fais**ais**	nous	fais**ions**
tu	fais**ais**	vous	fais**iez**
il/elle/on	fais**ait**	ils/elles	fais**aient**

The imperfect tense of *être* uses the same endings, on the stem *ét-*.

être

j'	*étais*	nous	*étions*
tu	*étais*	vous	*étiez*
il/elle/on	*était*	ils/elles	*étaient*

Quand j'*étais* petite, je lisais des bandes dessinées.
When I **was** little, I used to read comics.

7.8 Perfect or imperfect?

It can be quite difficult deciding whether to use the perfect or imperfect tense to talk about the past!

Remember to use the perfect if you are talking about one particular event in the past:

Je suis allée à Paris en avion.
I went to Paris by plane.

J'ai vu le film en version originale.
I saw the film in the original version.

Use the imperfect if you are <u>describing</u> how something was or <u>giving your opinion</u> in the past, or if you are talking about what <u>used to</u> happen or what happened <u>regularly</u> in the past:

La fête était super!   The party was great!

Elle se levait à sept heures tous les jours.
She used to get up at seven o'clock every day.

7.9 *Venir de* + infinitive

To say that you *have just done* something, use the present tense of *venir* + *de* + an infinitive (literally *you are coming from* doing it):

Je *viens de* prendre une douche.   I **have just** had a shower.

Elle *vient d'*acheter une veste.
She **has just** bought a jacket.

Nous *venons de* laisser un message.
We **have just** left a message.

7.10 *depuis* + present tense

Depuis can usually be translated as *since* or *for*. Use it to talk about <u>what has been and still is going on</u>. In English, the verb stresses the past, but in French the verb stresses the present:

present tense of the verb + *depuis* + date/length of time.

J'habite au Canada depuis 2000.
I have been living in Canada since 2000 (and I still do).

Ma sœur est infirmière depuis deux ans.
My sister has been a nurse for two years (and still is).

7.11 Talking about the future

- *aller* + infinitive
  You use the **present tense of the verb *aller*** (see page 213) followed by an <u>infinitive</u> to talk about something that is going to happen in the near future:

  Je vais <u>regarder</u> le film ce soir.
  I'm going <u>to watch</u> the film tonight.

  Il va <u>travailler</u> ce week-end.
  He's going <u>to work</u> this weekend.

- *je/tu voudrais* + infinitive
To talk about future plans which are not certain (wishes, ambitions or dreams):

Je voudrais <u>rentrer</u> dans l'armée de l'air.
I would like <u>to join</u> the airforce.

Tu voudrais <u>habiter</u> en France?
Would you like <u>to live</u> in France?

- the future tense
The future tense describes what <u>will</u> happen in the future.

To form the future tense, add these endings to the <u>infinitive</u> (if the infinitive ends in -e, take off the -e first):

je	...ai	nous	...ons
tu	...as	vous	...ez
il/elle/on	...a	ils/elles	...ont

J'<u>habiter</u>***ai*** *une grande maison.*   I will live in a big house.
Les ingénieurs <u>construir</u>***ont*** *des villes sous la mer.*
Engineers will build towns under the sea.

Some verbs form their future with an irregular stem instead of an infinitive. Here are some common examples:

avoir	→ j'<u>aur</u>**ai**	pouvoir	→ je <u>pourr</u>**ai**
aller	→ j'<u>ir</u>**ai**	savoir	→ je <u>saur</u>**ai**
devoir	→ je <u>devr</u>**ai**	venir	→ je <u>viendr</u>**ai**
être	→ je <u>ser</u>**ai**	voir	→ je <u>verr</u>**ai**
faire	→ je <u>fer</u>**ai**	vouloir	→ je <u>voudr</u>**ai**

See pages 212–215 for the full pattern of these verbs.

7.12 Time phrases

Certain words or phrases tell you whether an action is past, present or future. For example:

past:

hier	yesterday
le week-end passé/dernier	last weekend
la semaine dernière	last week
l'année dernière	last year
il y a deux ans	two years ago

present:

en ce moment	at the moment
maintenant	now
aujourd'hui	today

future:

dans un instant	in a moment
dans cinq minutes	in five minutes
bientôt	soon
demain	tomorrow
la semaine prochaine	next week

7.13 Reflexive verbs

Reflexive verbs need a pronoun between the subject and the verb.

Subject	pronoun	verb	
Je	**me**	*lève*	(I get myself up) I get up.
Je	**m'**	*habille*	(I dress myself) I get dressed.

Other common reflexive verbs: *se laver, se brosser les dents, s'amuser, s'ennuyer, se coucher, se reposer.*

- Reflexive pronouns
The pronoun changes according to the subject it goes with:

je + **me/m'**	nous + **nous**
tu + **te/t'**	vous + **vous**
il/elle/on + **se/s'**	ils/elles + **se/s'**

For example:

je m'amuse	nous nous amusons
tu t'amuses	vous vous amusez
il/elle/on s'amuse	ils/elles s'amusent

For the full pattern of a reflexive verb, see page 213 (*se coucher*).

- Perfect tense of reflexive verbs
Reflexive verbs always make their perfect tense with *être* (so the past participle must agree with the subject of the verb). The pronoun stays with the subject before the verb:

Je me *suis réveillé à six heures.*	I woke up at six o'clock.
Les enfants se *sont couchés.*	The children went to bed.
Sophie s'*est bien amusée.*	Sophie had a good time.

(See 8.6 for the negative form of reflexive verbs.)

7.14 The imperative

Use this form of the verb to give an order, an instruction or advice.

- Form of the imperative
When giving an instruction/order to
- someone you say *tu* to:
use the *tu* form of the verb without *tu* (and no final -s for -er verbs).

- someone you say *vous* to:
use the *vous* form of the verb without *vous*.

tu		*vous*
Tourne (à gauche)	Turn (left)	*Tournez (à gauche)*
Traverse (le pont)	Cross (the bridge)	*Traversez (le pont)*
Prends (cette rue)	Take (this road)	*Prenez (cette rue)*
Va (tout droit)	Go (straight on)	*Allez (tout droit)*

- Negative imperatives
  To tell someone not to do something, put *ne ... pas* round the command:
  Ne regarde pas!   Don't look!
  Ne touchez pas!   Don't touch!

(See 8 for details of other negatives.)

7.15 *en* + present participle

Use this expression to say *while doing something* or *by doing something*:

*J'ai eu un accident **en traversant** la rue.*
I had an accident **while crossing** the road.

*Il m'aidait **en faisant** la vaisselle.*
He used to help me **by doing** the washing-up.

- To form the present participle
  Take the *nous* form of the present tense, remove the *-ons* and add the ending *-ant*:

  nous regardons ➔ regard ➔ regardant

7.16 Verb + infinitive

Sometimes there are two verbs next to each other in a sentence. In French, the form of the first verb depends on who is doing the action, and the second verb is in the infinitive.

*J'**aime aller** au cinéma.*	I **like going** to the cinema.
*Luc **préfère prendre** le train.*	Luc **prefers to take** the train.
*Julie **déteste aller** à l'école à pied.*	Julie **hates walking** to school.
*Tu **sais nager**?*	**Can** you **swim**?

(See also 7.17.)

- *Pour* + infinitive
  When *pour* (meaning in order to) is followed by a verb, that verb is always in the infinitive:

  *Je vais en France **pour apprendre** le français.*
  I go to France **to learn** French.

- *Il faut* + infinitive
  The verb which comes after *il faut* (meaning you have to) is always in the infinitive:
  *Il **faut passer** un examen.*   **You have to take** an exam.

7.17 *vouloir, pouvoir, devoir*

These verbs are almost always followed by the infinitive of another verb.

- *vouloir* – to want:
  *Il **veut réserver** une table.*
  He wants to reserve a table.

  *Je **n'ai pas voulu rester** à la maison.*
  I didn't want to stay at home.

- *pouvoir* – to be able to (I can):
  *On **peut se retrouver** demain?*
  Can we meet tomorrow?

  *Vous **avez pu prendre** un rendez-vous?*
  Were you able to make an appointment?

- *devoir* – to have to (I must):
  *Tu **dois faire** tes devoirs.*
  You must do your homework.

  *Elle **devait se coucher** à dix heures.*
  She had to go to bed at ten o'clock.

See the full pattern of these verbs on pages 214–215.

7.18 *jouer à / jouer de*

Games or sports = *jouer **à**:*
*J'aime jouer **au** football.*   I like playing football.

Musical instruments = *jouer **de**:*
*Je joue **du** piano/**de la** guitare.*   I play the piano/the guitar.

• •

8 Negatives   *la négation*

8.1 *ne ... pas*

The negative form is used where we would say *not*. In French, you need two words: *ne* and *pas*, which go on either side of the verb.

NB: *ne* ➔ *n'* in front of a vowel or an *h*.
  *Je **ne** suis **pas** français.*   I'm **not** French.
  *Ils **n'**habitent **pas** à Lyon.*   They **don't** live in Lyon.

(See 7.14 for negative commands.)

8.2 Other negatives

Other negatives also go on either side of the verb:

ne/n' ... jamais	never
ne/n' ... rien	nothing, not anything
ne/n' ... personne	nobody, not anybody
ne/n' ... plus	no longer, no more, not any more

*Il **ne** parle **jamais** en français.*	He **never** speaks in French.
*Elle **ne** mange **rien**.*	She doesn't eat **anything**.
*Je **ne** connais **personne** ici.*	I don't know **anybody** here.
*Nous **ne** fumons **plus**.*	We don't smoke **any more**.

- When you use *ne* + a negative with a noun, replace *un/une/des* with *de* (*d'* in front of a vowel or an *h*):
  *Il n'y a **pas de** pizza/de gâteau/de chips.*
  There isn't any pizza/cake/there aren't any crisps.

  *Il n'y a **plus de** timbres.*   There aren't any more stamps.
  *Je n'ai **jamais d'**argent.*   I never have any money.

- Sometimes, if there is no verb, the second part of the negative is used on its own, without the *ne*.
  *Tu as déjà travaillé? Non, **jamais**.*
  Have you ever worked? No, **never**.

  *Qu'est-ce que vous voulez? **Rien**.*
  What do you want? **Nothing**.

  *Qui est dans la salle de classe? **Personne**.*
  Who is in the classroom? **Nobody**.

8.3 ne ... aucun

ne ... aucun	no, not a single
*Il n'a **aucun** ami.*	He has **no** friends./He **hasn't** got **a single** friend.
*Je n'ai **aucune*** idée.*	I have **no** idea.

* *Aucun* is an adjective and agrees with the noun that follows it.

	masculine	feminine
singular	aucun	aucune
plural	aucuns	aucunes

8.4 ne ... ni ... ni ...

ne ... ni ... ni ...   neither ... nor, not either ... or ...

In this expression, *ne* goes before the verb and *ni ... ni ...* go before the words they refer to:

*Il n'a **ni** mère **ni** père.*
He has **neither** mother **nor** father.
*Je **ne** connais **ni** Anne **ni** son frère.*
I don't know **either** Anne **or** her brother.

8.5 ne ... que

One way to say *only* is to put *ne ... que* (*qu'* in front of a vowel) around the verb.

- In the present, future or imperfect tense:
  *Je n'aime **qu'**un sport.*   I **only** like one sport.

  *On **ne** travaillera **que** le samedi matin.*
  We will **only** work on the Saturday morning.

  *Il n'avait **qu'**un ami.*   He had **only** one friend.

- In the perfect tense, put the *que* after the past participle:
  *Je n'ai acheté **que** des chaussettes.*
  I **only** bought some socks.

  *Elle n'a attendu **que** cinq minutes.*
  She **only** waited five minutes.

8.6 Negative + reflexive verbs

To use reflexive verbs in the negative, put *ne* before the pronoun and *pas/plus/jamais*, etc. after the verb:

*Je m'amuse. Et toi? Moi, je **ne** m'amuse **pas**.*
I'm having fun. How about you? I'm **not** having fun.

8.7 Negative + perfect tense

In the perfect tense, *ne* or *n'* goes before the auxiliary (the part of *avoir* or *être*) and *pas/plus/jamais/rien* before the past participle:

*Je n'ai **pas** fait la lessive.*	I haven't done the washing.
*On n'a **rien** mangé.*	We haven't eaten anything.

N.B. *ne ... personne* is slightly different: *personne* goes after the past participle:

*Nous n'avons vu **personne**.*   We didn't see anybody.

(See also 8.5.)

8.8 Negative + verb + infinitive

ne/n' goes before the first verb and *pas* before the second verb (in the infinitive):

*Je n'aime **pas** aller au cinéma.*	I don't like going to the cinema.
*On **ne** peut **pas** lire ce roman.*	We can't read this novel.

9 Asking questions

There are four ways to ask a question:

1 by making your voice go up at the end:

Tu vas au cinéma? →   Are you going to the cinema?

Il a parlé au prof? →   Has he spoken to the teacher?

2 by starting with *est-ce que* … :

Est-ce que *tu vas au cinéma?*   Are you going to the cinéma?

Est-ce qu'*il a parlé au prof?*   Has he spoken to the teacher?

3 by turning the verb and subject round:

Vas-tu au cinéma?   Are you going to the cinéma?

A-t*-il parlé au prof?   Has he spoken to the teacher?

* Sometimes there is a *t* added in between two vowels to make pronunciation easier:

*Va-**t**-il venir avec nous?*   Is he going to come with us?

*Que pense-**t**-elle?*   What does she think?

4 using question words:

combien?	how much/how many?
comment?	how?
où?	where?
pourquoi?	why?
qu'est-ce que … ?	what?
quand?	when?
quel/quelle + noun?	what?
qui?	who?

10 Verb tables

In these tables, unless shown otherwise, *elle* and *on* follow the same pattern as *il*. *Elles* follows the same pattern as *ils*.

infinitive	present	perfect	imperfect	future
-er verbs				
PARLER *(to speak)*	je parle tu parles il parle nous parlons vous parlez ils parlent	j'ai parlé tu as parlé il a parlé nous avons parlé vous avez parlé ils ont parlé	je parlais tu parlais il parlait nous parlions vous parliez ils parlaient	je parlerai tu parleras il parlera nous parlerons vous parlerez ils parleront
-ir verbs				
FINIR *(to finish)*	je finis tu finis il finit nous finissons vous finissez ils finissent	j'ai fini tu as fini il a fini nous avons fini vous avez fini ils ont fini	je finissais tu finissais il finissait nous finissions vous finissiez ils finissaient	je finirai tu finiras il finira nous finirons vous finirez ils finiront
-re verbs				
VENDRE *(to sell)*	je vends tu vends il vend nous vendons vous vendez ils vendent	j'ai vendu tu as vendu il a vendu nous avons vendu vous avez vendu ils ont vendu	je vendais tu vendais il vendait nous vendions vous vendiez ils vendaient	je vendrai tu vendras il vendra nous vendrons vous vendrez ils vendront

infinitive	present	perfect	imperfect	future
reflexive verbs				
SE COUCHER (to go to bed)	je me couche tu te couches il se couche elle se couche nous nous couchons vous vous couchez il se couchent elles se couchent	je me suis couché(e) tu t'es couché(e) il s'est couché elle s'est couchée nous nous sommes couché(e)s vous vous êtes couché(e)(s) ils se sont couchés elles se sont couchées	je me couchais tu te couchais il se couchait elle se couchait nous nous couchions vous vous couchiez il se couchaient elles se couchaient	je me coucherai tu te coucheras il se couchera elle se couchera nous nous coucherons vous vous coucherez ils se coucheront elles se coucheront
irregular verbs				
ALLER (to go)	je vais tu vas il va elle va nous allons vous allez ils vont elles vont	je suis allé(e) tu es allé(e) il est allé elle est allée nous sommes allé(e)s vous êtes allé(e)(s) ils sont allés elles sont allées	j'allais tu allais il allait elle allait nous allions vous alliez ils allaient elles allaient	j'irai tu iras il ira elle ira nous irons vous irez ils iront elles iront
AVOIR (to have)	j'ai tu as il a nous avons vous avez ils ont	j'ai eu tu as eu il a eu nous avons eu vous avez eu ils ont eu	j'avais tu avais il avait nous avions vous aviez ils avaient	j'aurai tu auras il aura nous aurons vous aurez ils auront
BOIRE (to drink)	je bois tu bois il boit nous buvons vous buvez ils boivent	j'ai bu tu as bu il a bu nous avons bu vous avez bu ils ont bu	je buvais tu buvais il buvait nous buvions vous buviez ils buvaient	je boirai tu boiras il boira nous boirons vous boirez ils boiront
DEVOIR (to have to)	je dois tu dois il doit nous devons vous devez ils doivent	j'ai dû tu as dû il a dû nous avons dû vous avez dû ils ont dû	je devais tu devais il devait nous devions vous deviez ils devaient	je devrai tu devras il devra nous devrons vous devrez ils devront
DIRE (to say)	je dis tu dis il dit nous disons vous dites ils disent	j'ai dit tu as dit il a dit nous avons dit vous avez dit ils ont dit	je disais tu disais il disait nous disions vous disiez ils disaient	je dirai tu diras il dira nous dirons vous direz ils diront

infinitive	present	perfect	imperfect	future
DORMIR (to sleep)	je dors tu dors il dort nous dormons vous dormez ils dorment	j'ai dormi tu as dormi il a dormi nous avons dormi vous avez dormi ils ont dormi	je dormais tu dormais il dormait nous dormions vous dormiez ils dormaient	je dormirai tu dormiras il dormira nous dormirons vous dormirez ils dormiront
ECRIRE (to write)	j'écris tu écris il écrit nous écrivons vous écrivez ils écrivent	j'ai écrit tu as écrit il a écrit nous avons écrit vous avez écrit ils ont écrit	j'écrivais tu écrivais il écrivait nous écrivions vous écriviez ils écrivaient	j'écrirai tu écriras il écrira nous écrirons vous écrirez ils écriront
ETRE (to be)	je suis tu es il est nous sommes vous êtes ils sont	j'ai été tu as été il a été nous avons été vous avez été ils ont été	j'étais tu étais il était nous étions vous étiez ils étaient	je serai tu seras il sera nous serons vous serez ils seront
FAIRE (to do/make)	je fais tu fais il fait nous faisons vous faites ils font	j'ai fait tu as fait il a fait nous avons fait vous avez fait ils ont fait	je faisais tu faisais il faisait nous faisions vous faisiez ils faisaient	je ferai tu feras il fera nous ferons vous ferez ils feront
LIRE (to read)	je lis tu lis il lit nous lisons vous lisez ils lisent	j'ai lu tu as lu il a lu nous avons lu vous avez lu ils ont lu	je lisais tu lisais il lisait nous lisions vous lisiez ils lisaient	je lirai tu liras il lira nous lirons vous lirez ils liront
METTRE (to put/put on)	je mets tu mets il met nous mettons vous mettez ils mettent	j'ai mis tu as mis il a mis nous avons mis vous avez mis ils ont mis	je mettais tu mettais il mettait nous mettions vous mettiez ils mettaient	je mettrai tu mettras il mettra nous mettrons vous mettrez ils mettront
POUVOIR (to be able to)	je peux tu peux il peut nous pouvons vous pouvez ils peuvent	j'ai pu tu as pu il a pu nous avons pu vous avez pu ils ont pu	je pouvais tu pouvais il pouvait nous pouvions vous pouviez ils pouvaient	je pourrai tu pourras il pourra nous pourrons vous pourrez ils pourront

infinitive	present	perfect	imperfect	future
PRENDRE *(to take)*	je prends tu prends il prend nous prenons vous prenez ils prennent	j'ai pris tu as pris il a pris nous avons pris vous avez pris ils ont pris	je prenais tu prenais il prenait nous prenions vous preniez ils prenaient	je prendrai tu prendras il prendra nous prendrons vous prendrez ils prendront
SAVOIR *(to know)*	je sais tu sais il sait nous savons vous savez ils savent	j'ai su tu as su il a su nous avons su vous avez su ils ont su	je savais tu savais il savait nous savions vous saviez ils savaient	je saurai tu sauras il saura nous saurons vous saurez ils sauront
SORTIR *(to go out)*	je sors tu sors il sort elle sort nous sortons vous sortez ils sortent elles sortent	je suis sorti(e) tu es sorti(e) il est sorti elle est sortie nous sommes sorti(e)s vous êtes sorti(e)(s) ils sont sortis elles sont sorties	je sortais tu sortais il sortait elle sortait nous sortions vous sortiez ils sortaient elles sortaient	je sortirai tu sortiras il sortira elle sortira nous sortirons vous sortirez ils sortiront elles sortiront
VENIR *(to come)*	je viens tu viens il vient elle vient nous venons vous venez ils viennent elles viennent	je suis venu(e) tu es venu(e) il est venu elle est venue nous sommes venu(e)s vous êtes venu(e)(s) ils sont venus elles sont venues	je venais tu venais il venait elle venait nous venions vous veniez ils venaient elles venaient	je viendrai tu viendras il viendra elle viendra nous viendrons vous viendrez ils viendront elles viendront
VOIR *(to see)*	je vois tu vois il voit nous voyons vous voyez ils voient	j'ai vu tu as vu il a vu nous avons vu vous avez vu ils ont vu	je voyais tu voyais il voyait nous voyions vous voyiez ils voyaient	je verrai tu verras il verra nous verrons vous verrez ils verront
VOULOIR *(to want)*	je veux tu veux il veut nous voulons vous voulez ils veulent	j'ai voulu tu as voulu il a voulu nous avons voulu vous avez voulu ils ont voulu	je voulais tu voulais il voulait nous voulions vous vouliez ils voulaient	je voudrai tu voudras il voudra nous voudrons vous voudrez ils voudront

Expressions utiles *Useful phrases*

Days *les jours de la semaine*

Monday	*lundi*
Tuesday	*mardi*
Wednesday	*mercredi*
Thursday	*jeudi*
Friday	*vendredi*
Saturday	*samedi*
Sunday	*dimanche*

Note: French days don't start with a capital letter.

- on Monday – *lundi*
  On Monday I went to Paris.
  Lundi, je suis allé(e) à Paris.

- every Monday/on Mondays – *le lundi*
  On Mondays I play basketball.
  Le lundi, je joue au basket.

Dates *les dates*

Use *le* before the number in dates:

Patrick was born on 9th January.
*Patrick est né **le** neuf janvier.*

in 1995	*en 1995 (mille neuf cent quatre-vingt quinze)*
in 2000	*en l'an 2000 (deux mille)*
in 2020	*en 2020 (deux mille vingt)*

Months *les mois*

January	*janvier*
February	*février*
March	*mars*
April	*avril*
May	*mai*
June	*juin*
July	*juillet*
August	*août*
September	*septembre*
October	*octobre*
November	*novembre*
December	*décembre*

Note: French months don't start with a capital letter.

- in + month – *en*
  We left in April. *On est partis en avril.*
  Her birthday is in July. *Son anniversaire est en juillet.*

Seasons *les saisons*

le printemps   *l'été*   *l'automne*   *l'hiver*

in spring	*au printemps*
in summer	*en été*
in autumn	*en automne*
in winter	*en hiver*

The time *l'heure*

What time is it?	*Il est quelle heure?*
It is one o'clock.	*Il est une heure.*
What time is it at?	*C'est à quelle heure?*
It is at one o'clock.	*C'est à une heure.*

- on the hour
  It's one/two/three o'clock. *Il est une heure/deux heures/trois heures.*

  It's midday. *Il est midi.*
  It's midnight. *Il est minuit.*

- quarters and half hours
  It's half past four. *Il est quatre heures et demie.*

  It's quarter past six. *Il est six heures et quart.*
  It's quarter to eight. *Il est huit heures moins le quart.*

- minutes past/to
  It's ten past one. *Il est une heure dix.*
  It's five to eleven. *Il est onze heures moins cinq.*

- 24-hour clock
  It's 7pm (19.00). *Il est dix-neuf heures.*
  It's 1.15pm (13.15). *Il est treize heures quinze.*
  It's 10.30pm (22.30). *Il est vingt-deux heures trente.*

  It's 3.45pm (15.45). *Il est quinze heures quarante-cinq.*

- Never mix the two systems:
  It's 1.15. *Il est une heure et quart.*
  Il est treize heures quinze.

Expressions of quantity
les quantités

100 grammes of	*100 grammes de*
(half) a pound of	*une (demi-)livre de*
(half) a kilo of	*un (demi-)kilo de*
(half) a litre of	*un (demi-)litre de*
(half) a dozen	*une (demi-)douzaine de*
a bit of	*un morceau de*
a slice of	*une tranche de*
a jar of	*un pot de*
a tin/a box of	*une boîte de*
a packet of	*un paquet de*
a bottle of	*une bouteille de*
too much (salt)	*trop de (sel)*
a lot of (sugar)	*beaucoup de (sucre)*
enough (milk)	*assez de (lait)*
a bit of (bread)	*un peu de (pain)*
few (cherries)	*peu de (cerises)*
no (meat)	*pas de (viande)*
most (pupils)	*la plupart des (élèves)*

Countries *les pays*

	pays	nationalité	
		masculine	féminine
Algeria	l'Algérie	algérien	algérienne
Australia	l'Australie	australien	australienne
Belgium	la Belgique	belge	belge
Canada	le Canada	canadien	canadienne
China	la Chine	chinois	chinoise
England	l'Angleterre	anglais	anglaise
France	la France	français	française
Germany	l'Allemagne	allemand	allemande
Great Britain	la Grande-Bretagne	britannique	britannique
India	l'Inde	indien	indienne
Ireland	l'Irlande	irlandais	irlandaise
Italy	l'Italie	italien	italienne
Japan	le Japon	japonais	japonaise
Netherlands	les Pays-Bas	néerlandais	néerlandaise
Scotland	l'Ecosse	écossais	écossaise
Senegal	le Sénégal	sénégalais	sénégalaise
Spain	l'Espagne	espagnol	espagnole
Sweden	la Suède	suédois	suédoise
Switzerland	la Suisse	suisse	suisse
Tunisia	la Tunisie	tunisien	tunisienne
the United States	les Etats-Unis	américain	américaine
Wales	le pays de Galles	gallois	galloise
the West Indies	les Antilles	antillais	antillaise

Numbers *les chiffres*

0	zéro	19	dix-neuf	74	soixante-quatorze	
1	un	20	vingt	75	soixante-quinze	
2	deux	21	vingt et un	76	soixante-seize	
3	trois	22	vingt-deux	77	soixante-dix-sept	
4	quatre	23	vingt-trois	78	soixante-dix-huit	
5	cinq	24	vingt-quatre	79	soixante-dix-neuf	
6	six	25	vingt-cinq	80	quatre vingts	
7	sept	26	vingt-six	81	quatre-vingt-un	
8	huit	27	vingt-sept	82	quatre-vingt-deux, …	
9	neuf	28	vingt-huit	90	quatre-vingt-dix	
10	dix	29	vingt-neuf	91	quatre-vingt-onze	
11	onze	30	trente	92	quatre-vingt-douze, …	
12	douze	40	quarante	100	cent	
13	treize	50	cinquante	101	cent un	
14	quatorze	60	soixante	102	cent deux, …	
15	quinze	70	soixante-dix	200	deux cents	
16	seize	71	soixante et onze	201	deux cent un, …	
17	dix-sept	72	soixante-douze	1000	mille	
18	dix-huit	73	soixante-treize			

Ordinal numbers

1st	1er premier or
	1re première
2nd	2e deuxième
3rd	3e troisième
4th	4e quatrième
5th	5e cinquième
6th	6e sixième
7th	7e septième
8th	8e huitième
9th	9e neuvième
10th	10e dixième

It's his second exam.
C'est son deuxième examen.

I live on the fifth floor.
J'habite au cinquième étage.

Vocabulaire

This vocabulary contains all but the most common words which appear in the book, apart from some where the meaning has been provided on the page. Where a word has several meanings, only those which occur in the book are given. Verbs marked * take *être* in the perfect tense.

Abbreviations: *nm* = masculine noun; *nf* = feminine noun; *nmpl* = plural masculine noun; *nfpl* = plural feminine noun; *adj* = adjective; *v* = verb; *adv* = adverb.

A

à at, to, in
abîmer *v* to damage
absolument *adv* absolutely
d' abord firstly
accentué(e) *adj* stressed
accompagner *v* to accompany
un accord *nm* agreement
d'accord OK
l' acceuil *nm* welcome
accueillir *v* to receive, welcome
acheter *v* to buy
un acteur *nm* actor
une actrice *nf* actress
l' addition *nf* bill
un adjectif *nm* adjective
admis admitted
un ado(lescent) *nm* teenager (boy)
une ado(lescente) *nf* teenager (girl)
s' adresser *v* to apply
une adresse *nf* address
un aéroglisseur *nm* hovercraft
un aéroport *nm* airport
les affranchissements *nmpl* postage
une agence *nf* agency
une agence immobilière *nf* estate agents
un agneau *nm* lamb
agréable *adj* pleasant
agressif/agressive *adj* aggressive
un agriculteur *nm* farmer (man)
une agricultrice *nf* farmer (woman)
aider *v* to help
aïe! ouch!
aimer to like, to love
j' aimerais I would like
ajouter *v* to add
l' alcool *nm* alcohol
l' Algérie *nf* Algeria
algérien/algérienne *adj* Algerian
une alimentation *nf* grocery store, diet
un aliment *nm* food
l' Allemagne *nf* Germany
allemand/allemande *adj* German
aller *v* to go
un aller (simple) *nm* single ticket
un aller-retour *nm* return ticket

allô hello (on the phone)
alors so, then
alsacien/alsacienne *adj* from Alsace
une ambiance *nf* atmosphere
améliorer *v* to improve
américain/américaine *adj* American
un(e) ami(e) *nm/f* friend
amical/amicale *adj* friendly
amicalement *adv* Best wishes (at the end of a letter)
amitiés Best wishes (at the end of a letter)
amoureux/amoureuse *adj* in love
amusant/amusante *adj* funny
s' amuser *v* to enjoy oneself
un an *nm* year
j'ai seize ans I am sixteen
ancien/ancienne *adj* old
anglais/anglaise *adj* English
l' Anglais *nm* English
l' Angleterre *nf* England
les animaux *nmpl* animals
animé/animée lively
un anneau *nm* ring
une année *nf* year
un anniversaire *nm* birthday
une annonce *nf* advert
annuel/annuelle *adj* yearly
les Antilles *nfpl* West Indies
antitabac *adj* anti-smoking
août August
un appareil photo *nm* camera
une apparence *nf* appearance
l' appartement *nm* flat
appeler *v* to call
s' appeler* *v* to be called
l' appétit *nm* appetite
bon appétit! enjoy your meal!
une appréciation *nf* comment
apprendre *v* to learn
après after
aquatique *adj* water
un centre aquatique leisure pool
arabe *adj* Arabic
un arbre *nm* tree
un arbre généalogique *nm* family tree

un/une architecte *nm/f* architect
l' argent *nm* money
l' armée de l'air *nf* air force
une armoire *nf* wardrobe
un arrêt (de bus) *nm* (bus) stop
arrêter *v* to stop
les arrhes *nmpl* deposit
l' arrivée *nf* arrival
arriver *v* to arrive; to manage
artistique *adj* artistic
un ascenseur *nm* lift
une aspirine *nf* aspirin
asseyez-vous sit down
assez quite, enough
une assiette *nf* plate
assis/assise *adj* sitting
un assortiment *nm* assortment
l' athlétisme *nm* athletics
attendre *v* to wait
attentivement *adv* carefully
au to, at, in
aucun/aucune no, not any
aujourd'hui today
il/elle aura he/she will have
aussi too, also
australien/australienne *adj* Australian
un autobus *nm* bus
automatique *adj* automatic
l' automne *nm* autumn
un/une automobiliste *nm/f* motorist
autoritaire *adj* strict
une autoroute *nf* motorway
autour de around
autre other
aux to, at, in
avancer *v* to move forward
avant before
un avantage *nm* advantage
avec with
l' avenir *nm* future
une aventure *nf* adventure
un avion *nm* plane
un avis *nm* opinion
à mon avis in my opinion
un avocat *nm* lawyer; avocado
avoir *v* to have
avril April

B

le bac(calauréat) *nm* exam equivalent to A-level
une baguette *nf* bread, French stick
un bain *nm* bath
une salle de bains bathroom
un baiser *nm* kiss
un balcon *nm* balcony
une banane *nf* banana
bancaire *adj* bank
une carte bancaire *nf* bank card
une bande dessinée *nf* cartoon
une banlieue *nf* suburb
une banque *nf* bank
les bas *nmpl* stockings
un bateau *nm* boat
un bâtiment *nm* building
battre *v* to beat
bavard/bavarde *adj* talkative
beau/belle *adj* beautiful
beaucoup a lot, many
un beau-frère *nm* step-brother
un beau-père *nm* step-father
la beauté *nf* beauty
un bébé *nm* baby
la Belgique *nf* Belgium
une belle-mère *nf* step-mother
une belle-sœur *nf* step-sister
un/une Berbère *nm/f* Berber
beurk! yuk!
le beurre *nm* butter
bien *adv* well, good
bientôt *adv* soon
à bientôt see you soon
une bière *nf* beer
un bifteck *nm* steak
un billet *nm* ticket, bank note
la biologie *nf* biology
une bise *nf* kiss
grosses bises love from (in a letter)
blanc/blanche *adj* white
un blanc *nm* blank, gap
un(e) blessé(e) *nm(f)* injured person
bleu/bleue *adj* blue
blond/blonde *adj* blond
un blouson *nm* jacket
le bœuf *nm* beef

bof! so so!

boire *v* to drink

un bois *nm* wood

une boisson *nf* drink

une boîte *nf* box; tin; night club

une boîte aux lettres *nf* letter box

un bol *nm* bowl

bon/bonne *adj* good

bon appétit! enjoy your meal!

un bonbon *nm* sweet

bonjour hello, good morning

le bord *nm* edge, side

au bord de la mer at the seaside

une bosse *nf* lump, bump

la bouche *nf* mouth

une boucherie *nf* butcher's shop

bouclé/bouclée *adj* curly

une boulangerie *nf* baker's shop

un boulot *nm* job

un petit boulot *nm* a part-time job

une boum *nf* party

la Bourgogne *nf* Burgundy

une bouteille *nf* bottle

un bras *nm* arm

une brasserie *nf* type of restaurant

un Brésilien *nm* Brazilian

la Bretagne *nf* Brittany

la Grande-Bretagne *nf* Great Britain

le brevet des études *nm* school certificate

britannique *adj* British

bronzer *v* to sunbathe

se brosser* les dents to brush one's teeth

le brouillard *nm* fog

il y a du brouillard it's foggy

un bruit *nm* noise

brun/brune *adj* dark-haired, brown

Bruxelles Brussels

une bulle *nf* bubble

buller *v* to laze around

un bureau *nm* desk; office

un bureau de poste *nm* post office

C

ça it, that

une cabine d'essayage *nf* fitting room

une cabine téléphonique *nf* phone box/booth

une cafetière *nf* coffee pot

une caisse *nf* till; box

un caissier *nm* cashier (man)

une caissière *nf* cashier (woman)

calme *adj* quiet, peaceful

un/une camarade *nm/f* friend

un/une camarade de classe classmate

un camion *nm* lorry

la campagne *nf* countryside; campaign

camper *v* to camp, to go camping

un candidat *nm* candidate

une candidature *nf* application

poser sa candidature to apply for

un canoë *nm* canoe

le caractère *nm* character

un carnet *nm* notebook

un carnet de chèques cheque book

une carotte *nf* carrot

une carte *nf* card; map; menu

jouer aux cartes to play cards

une carte postale postcard

en cas de in case of

une casquette *nf* cap; helmet

casser to break

ce/cet/cette/ces this, these

céder *v* to give way

une ceinture *nf* belt

cela this, that

célèbre *adj* famous

le céleri *nm* celery

celte *adj* celtic

celui/celle/ceux/celles-ci this/these

celui/celle/ceux/celles-là that/those

un cent *nm* cent (100 = 1 euro)

les céréales *nfpl* (breakfast) cereal

certain/certaine *adj* certain, some

chacun/chacune each

une chaîne *nf* chain; channel

une chaise *nf* chair

une chambre *nf* bedroom

un champignon *nm* mushroom

changer *v* to change; to exchange (money)

une chanson *nf* song

chanter *v* to sing

un chanteur *nm* singer (man)

une chanteuse *nf* singer (woman)

chaque *adj* each, every

une charcuterie *nf* delicatessen, shop selling cold meats

un chat *nm* cat

un château *nm* castle

chaud/chaude hot, warm

j'ai chaud I'm hot

il fait chaud the weather's hot

une chaussée *nf* type of road; road surface

une chaussette *nf* sock

une chaussure *nf* shoe

un chemin *nm* path, way

une chemise *nf* shirt

un chemisier *nm* blouse

un chèque de voyage *nm* traveller's cheque

cher/chère *adj* dear; expensive

chercher *v* to look for

un cheval *nm* horse

un chevet *nm* bedhead

une table de chevet bedside table

les cheveux *nmpl* hair

chez at/to …'s house

un chien *nm* dog

un chiffre *nm* number

la chimie *nf* chemistry

la Chine *nf* China

chinois/chinoise *adj* Chinese

un chirurgien *nm* surgeon

le chocolat *nm* chocolate

choisir *v* to choose

un choix *nm* choice

un chômeur *nm* unemployed man

une chômeuse *nf* unemployed woman

une chorale *nf* choir

une chose *nf* thing

un chou *nm* cabbage

le ciel *nm* sky

cinq five

cinquante fifty

cinquième fifth

je suis en cinquième I'm in Year 8/S1

une cité *nf* city; high-rise estate

civique *adj* civic

une classe *nf* class, form; classroom

classer *v* to classify

classique *adj* classical

une clé *nf* key

un mot-clé keyword

un/une client/cliente *nm/f* customer

le climat *nm* climate

un cloître *nm* cloister; monastery, convent

un coca *nm* coke

cocher *v* to tick

un cœur *nm* heart

j'ai mal au cœur I feel sick

se coiffer* *v* to do one's hair

un colis *nm* parcel

collectionner *v* to collect

un collège *nm* secondary school

un collégien *nm* secondary schoolboy

une collégienne *nf* secondary schoolgirl

une colo(nie) de vacances *nf* holiday camp for young people

une colonne *nf* column

combien how much, how many

commander *v* to order

comme as, like

commencer *v* to start

comment how, what

un commentaire *nm* comment

un commissariat de police *nm* police station

commun/commune *adj* common

en commun in common

le comparatif *nm* comparative

comparer *v* to compare

complet/complète *adj* full

complètement *adv* completely

compléter *v* to fill in

composer *v* to dial

composter *v* to validate

comprendre *v* to understand

un/une comptable *nm/f* accountant

un concours *nm* competition

conduire *v* to drive

confirmer *v* to confirm

la confiture *nf* jam

confondre *v* to confuse, to mix up

confortable *adj* comfortable

connaître *v* to know

consacrer *v* to dedicate

un conseil *nm* council; piece of advice

conseiller *v* to advise

content/contente *adj* pleased, happy

contenir *v* to contain

le contraire *nm* opposite

contre against

par contre on the other hand

convenir *v* to suit, to be convenient

ça vous convient? is that convenient for you?

un copain *nm* friend (male)

copier *v* to copy

une copine *nf* friend (female)

un coq *nm* cockerel

une corbeille *nf* (wastepaper) basket

un corps *nm* body

un correspondant *nm* penfriend (male)

une correspondante *nf* penfriend (female)

corriger *v* to correct

la Corse *nf* Corsica

un/une Corse *nm/f* Corsican

une côte *nf* coast

un côté *nm* side

à côté de next to

mettre de l'argent de côté to save up

une côtelette *nf* cutlet, chop

le coton *nm* cotton

un cou *nm* neck

une couche *nf* layer

se coucher* *v* to go to bed

une couleur *nf* colour

un couloir *nm* corridor

une cour *nf* (school) yard, playground

courir *v* to run

le courrier *nm* mail

un cours *nm* lesson; course

court/courte *adj* short

le couscous *nm* North African dish

un cousin *nm* cousin (male)

une cousine *nf* cousin (female)

un coussin *nm* cushion
coûter *v* to cost
un couteau *nm* knife
couvert/couverte *adj* covered, overcast
une cravate *nf* tie
la crème *nf* cream
une crémerie *nf* dairy, creamery
une crêpe *nf* pancake
une crêperie *nf* pancake restaurant
crevé/crevée *adj* flat (tyre); exhausted
critique *adj* critical
croire *v* to believe
croisé/croisée *adj* crossed
les mots croisés crossword
un croque-monsieur *nm* toasted cheese and ham sandwich
les crudités *nfpl* raw vegetables
une cuillère *nf* spoon
le cuir *nm* leather
un cuisinier *nm* cook (male)
une cuisinière *nf* cook (female); cooker
le cyclisme *nm* cycling

D

dans in
de of, from, some
un dé *nm* die, dice
débarrasser *v* to clear (the table)
un débouché *nm* opening
un début *nm* beginning
décevant/décevante *adj* disappointing
décider *v* to decide
décourager *v* to discourage
découvrir *v* to discover
décrire *v* to describe
définitivement *adv* definitely, for good
dehors outside
déjà *adv* already
un déjeuner *nm* lunch
le petit déjeuner breakfast
délicieux/délicieuse *adj* delicious
un deltaplane *nm* hang-glider
demain tomorrow
une demande *nf* request
demander *v* to ask for
déménager *v* to move house
un demi-frère *nm* half-brother
une demi-sœur *nf* half-sister
une dent *nf* tooth
le dentifrice *nm* toothpaste
un/une dentiste *nm/f* dentist
un départ *nm* departure
dépendre *v* to depend
ça dépend it depends
dépenser *v* to spend (money)
un dépliant *nm* leaflet

depuis since, for
dernier/dernière *adj* last
derrière behind
désagréable *adj* unpleasant
descendre* *v* to go down; to get off
désespéré/désespérée *adj* desperate, in despair
désirer *v* to want
désolé/désolée *adj* sorry
le désordre *nm* mess
en désordre untidy
un dessin *nm* drawing
dessiner *v* to draw
dessous underneath, below
dessus on, over
détaillé/détaillée *adj* detailed
se détendre* *v* to relax
détester *v* to hate
deux two
deuxième *adj* second
devant in front of
un développement *nm* development
développer *v* to develop
devenir *v* to become
vous devez *v* you must
deviner *v* to guess
une devinette *nf* puzzle, riddle
devoir *v* to have to
les devoirs *nmpl* homework
nous devons *v* we must
un diagramme *nm* diagram
un dictionnaire *nm* dictionary
difficile *adj* difficult
une difficulté *nf* difficulty
dimanche Sunday
un dîner *nm* dinner
dîner *v* to dine, have dinner
dire *v* to say, to tell
un directeur *nm* headmaster
une directrice *nf* headmistress
discuter *v* to discuss
disparaître *v* to disappear
un disque *nm* record
distribuer *v* to deliver, to hand out
un distributeur automatique *nm* cash dispenser
divorcé/divorcée *adj* divorced
dix ten
un documentaire *nm* documentary
un doigt *nm* finger
domestique *adj* household
un domicile *nm* residence
à domicile at home
dommage! pity!
donner *v* to give
dormir *v* to sleep
le dos *nm* back
un dossier *nm* file
doublé/doublée *adj* dubbed
une douche *nf* shower

un doute *nf* doubt
sans doute perhaps, without a doubt
doux/douce *adj* soft
une douzaine *nf* dozen
douze twelve
un drame *nm* drama
une drogue *nf* drug
droit/droite *adj* straight
tout droit straight on
la droite *nf* right-hand side
à droite on the right
drôle *adj* funny
dur/dure *adj* hard
durer *v* to last
dynamique *adj* dynamic

E

l' eau *nf* water
échanger *v* to exchange
les échecs *nmpl* chess
une éclaircie *nf* sunny spell
une école *nf* school
écolo (=écologique) *adj* ecological, green
des économies *nfpl* savings
écouter *v* to listen to
l' écran *nm* screen
écrire *v* to write
un effet *nm* effect
les effets spéciaux the special effects
une église *nf* church
égoïste *adj* selfish
un électricien *nm* electrician (male)
une électricienne *nf* electrician (female)
un/une élève *nm/f* pupil
un emballage *nm* wrapping, packaging
embarquer *v* to embark
embêtant/embêtante *adj* annoying
une émission *nf* (TV) programme
emmener *v* to take (someone) along/with
un empereur *nm* emperor
un emplacement *nm* pitch
un emploi *nm* job
un employé *nm* employee
en in
encore another, again, more
un endroit *nm* place
énervant/énervant *adj* annoying
énerver *v* to get on someone's nerves
un/une enfant *nm/f* child
l' enfer *nm* hell
l' enquête *nf* investigation
s' ennuyer* *v* to be bored

ennuyeux/ennuyeuse *adj* boring
énorme *adj* enormous
énormément *adv* enormously
enregistrer *v* to record
ensuite then
entendre *v* to hear
s' entendre* avec to get on with
enthousiaste *adj* enthusiatic
entre between
une entrée *nf* entrance
une entreprise *nf* firm
entrer* *v* to come in
un entretien *nm* interview
une énumération *nf* listing
une enveloppe *nf* envelope
avoir envie de to feel like
environ about
envoyer *v* to send
une épaule *nf* shoulder
épeler *v* to spell
une épicerie *nf* grocery store
les épinards *nmpl* spinach
l' EPS PE
équilibré/équilibrée *adj* balanced
une équipe *nf* team
équipé/équipée *adj* equipped
l' équitation *nf* horse-riding
une erreur *nf* error, mistake
l' escalade *nf* climbing
un escargot *nm* snail
l' espace *nm* space
l' Espagne *nf* Spain
l' espagnol *nm* Spanish
espérer *v* to hope
essayer *v* to try (on)
l' essence *nf* petrol
l' est *nm* east
et and
un étage *nm* floor, storey
une étagère *nf* shelf
un étang *nm* pond
un état *nm* state
les Etats-Unis *nmpl* United States
l' été *nm* summer
une étiquette *nf* label
étonnant/étonnante *adj* surprising
étranger/étrangère *adj* foreign
un étranger *nm* foreigner; stranger (male)
une étrangère *nf* foreigner; stranger (female)
être *v* to be
les études *nfpl* studies
un étudiant *nm* student (male)
une étudiante *nf* student (female)
il a eu he had
un euro *nm* euro
eux them
un événement *nm* event
éviter *v* to avoid

exactement *adv* exactly
exagérer *v* to exaggerate
un examen *nm* exam
examiner *v* to examine
s' excuser* *v* to apologise
expliquer *v* to explain
un exposé *nm* essay
un extrait *nm* extract
extraordinaire *adj* extraordinary

F

fabriquer *v* to make, to produce
en face de opposite
fâché/fâchée *adj* angry
facile *adj* easy
facilement *adv* easily
un facteur *nm* postman
une factrice *nf* postwoman
faible *adj* weak
avoir faim to be hungry
faire *v* to make, to do
une falaise *nf* cliff
une famille *nf* family
un/une fanatique *nm/f* fan
fantastique *adj* fantastic
fascinant/fascinante *adj* fascinating
fatigant/fatigante *adj* tiring
fatigué/fatiguée *adj* tired
fauché/fauchée *adj* broke, penniless
il faut you must, you have to
un fauteuil *nm* armchair
faux/fausse *adj* false
favorablement *adv* favourably
féminin/féminine *adj* feminine
une femme *nf* woman, wife
une fenêtre *nf* window
il fera he will make; it will be
une ferme *nf* farm
fermé/fermée *adj* shut, closed
une fermeture *nf* closing
l'heure de fermeture closing time
une fermeture éclair zip
fêter *v* to celebrate
un feu *nm* fire
une feuille *nf* sheet
un feuilleté *nm* (type of) pastry
un feuilleton *nm* soap opera
les feux *nmpl* traffic lights
les feux d'artifice fireworks
février February
une fiche *nf* form
fier/fière *adj* proud
une fille *nf* girl, daughter
un fils *nm* son
la fin *nf* end
fin mars end of March
finir *v* to finish

fixer *v* to fix, to stare at
une fleur *nf* flower
un/une fleuriste *nm/f* florist
la flottabilité *nf* buoyancy
fluvial/fluviale *adj* river
une fois *nf* time; occasion
encore une fois again
deux fois par jour twice a day
il était une fois once upon a time there was
un footballeur *nm* footballer
une forêt *nf* forest
une forme *nf* shape, form
être en forme to be fit
fort/forte *adj* strong, good at
fou/folle *adj* mad
un foulard *nm* (head)scarf
un four *nm* oven
une fourchette *nf* fork
une fraise *nf* strawberry
le français *nm* French
français/française *adj* French
un Français *nm* French man
une Française *nf* French woman
francophone *adj* French-speaking
une frange *nf* fringe
les freins *nmpl* brakes
la fréquence *nf* frequency
un frère *nm* brother
un frigo *nm* fridge
frisé/frisée *adj* curly
les frites *nfpl* chips
froid/froide *adj* cold
avoir froid to feel cold
il fait froid the weather's cold
le fromage *nm* cheese
une frontière *nf* border
fumer *v* to smoke
fumeur smoking
le futur *nm* future

G

gagner *v* to earn; to win
un gant *nm* glove
une garantie *nf* guarantee
un garçon *nm* boy
garder *v* to keep
une gare *nf* station
une gare routière bus station
la garniture (de légumes) *nf* garnish (of vegetables)
un gâteau *nm* cake
la gauche *nf* left-hand side
à gauche on the left
il gèle it's freezing
une gendarmerie *nf* police station
généreux/généreuse *adj* generous
génial/géniale *adj* great, fantastic
un genou *nm* knee
les gens *nmpl* people

gentil/gentille *adj* kind
la géo(graphie) *nf* geography
un gigot *nm* leg of lamb
un gilet *nm* vest, cardigan
une glace *nf* ice cream
gourmand/gourmande *adj* greedy
grâce à thanks to
la grammaire *nf* grammar
grand/grande *adj* big; tall
la Grande-Bretagne *nf* Great Britain
une grand-mère *nf* grandmother
un grand-père *nm* grandfather
gras/grasse *adj* greasy
le gratin dauphinois (sliced potatoes cooked with cream)
gratuit/gratuite *adj* free
grec/grecque *adj* Greek
les Grecs *nmpl* Greeks
un grenier *nm* attic
une grille *nf* grid
grillé/grillée *adj* grilled
gris/grise *adj* grey
gros/grosse *adj* fat
grossir *v* to put on weight
le gruyère *nm* type of Swiss cheese
une guerre *nf* war
un guichet *nm* booking office, counter
une guitare *nf* guitar

H

s' habiller* *v* to get dressed
un habitant *nm* inhabitant
habiter *v* to live
une habitude *nf* habit
comme d'habitude as usual
d'habitude usually
un/e handicapé/e *nm/f* handicapped person
un haricot *nm* bean
un hébergement *nm* accommodation
héberger *v* to accommodate
hein eh
un héros *nm* hero
une heure *nf* hour, time
il est une heure dix it's ten past one
12 euros de l'heure 12 euros an hour
à l'heure on time
de bonne heure early
heureusement *adv* fortunately
hier yesterday
l' histoire *nf* history; story
historique *adj* historic
l' hiver *nm* winter
un/e Hollandais/e *nm/f* Dutch person
hollandais/hollandaise *adj* Dutch
un homme *nm* man
un hôpital *nm* hospital
un horaire *nm* timetable

l' horreur *nf* horror
un film d'horreur horror film
l' hospitalité *nf* hospitality
l' hôtellerie *nf* hotel industry
huit eight
l' humeur *nf* mood, humour
de bonne/mauvaise humeur in a good/bad mood
humide *adj* damp, humid

I

ici *adv* here
une idée *nf* idea
il he, it
une île *nf* island
illustré/illustrée *adj* illustrated
ils they
imaginer *v* to imagine
n'importe quel any
les impôts *nmpl* taxes
inconfortable *adj* uncomfortable
un inconvénient *nm* disadvantage
incroyablement *adv* incredibly
l' Inde *nf* India
un indice *nm* clue; indication
indiquer *v* to point out, to indicate
individuellement *adv* individually
industriel/industrielle *adj* industrial
un infinitif *nm* infinitive
un infirmier *nm* nurse (male)
une infirmière *nf* nurse (female)
l' informatique *nf* computer studies, computers
les infos *nfpl* news
un ingénieur *nm* engineer
une inscription *nf* registration, enrolment
inscrit/inscrite *adj* enrolled; written in
insuffisant/insuffisante *adj* insufficient
interdit/interdite *adj* forbidden
intéressant/intéressante *adj* interesting
intéresser *v* to interest
s' intéresser* *v* to be interested
un intérêt *nm* interest
intérieur/intérieure *adj* inside, interior
à l'intérieur indoors, on the inside
interrogatif/interrogative *adj* question
interrompre *v* to interrupt
intime *adj* intimate, personal
inutile *adj* useless
l' Irlande *nf* Ireland
irrégulier/irrégulière *adj* irregular
un itinéraire *nm* itinerary, route

J

jaloux/jalouse *adj* jealous
ne ... jamais never
une jambe *nf* leg
le jambon *nm* ham
janvier January
un jardin *nm* garden
le jardinage *nm* gardening
jaune *adj* yellow
je/j' I
jetable *adj* throw-away, disposable
jeter *v* to throw
un jeton *nm* counter, token
un jeu *nm* game
jeudi Thursday
jeune *adj* young
les jeunes *nmpl* young people
la jeunesse *nf* youth
joli/jolie *adj* pretty
jouer *v* to play
une joue *nf* cheek
un jouet *nm* toy
un jour *nm* day
le plat du jour dish of the day
tous les jours every day
un journal *nm* newpaper; diary
un/une journaliste *nm/f* journalist
une journée *nf* day
juillet July
juin June
les jumeaux *nmpl* twins (male)
les jumelles *nfpl* twins (female); binoculars
une jupe *nf* skirt
un jus *nm* juice
jusqu'à until
juste *adj* fair

L

l' the
la the
là there
la laine *nf* wool
laisser *v* to let; to leave
le lait *nm* milk
une langue *nf* tongue; language
laver *v* to wash (something)
se laver* to get washed
le the
la lecture *nf* reading
une légende *nf* key (to a map)
un légume *nm* vegetable
lentement *adv* slowly
lequel which
les the
la lessive *nf* washing
une lettre *nf* letter
leur/leurs their
se lever* *v* to get up
la liberté *nf* freedom

libre *adj* free
un lieu *nm* place
une ligne *nf* line
la limonade *nf* lemonade
lire *v* to read
un lit *nm* bed
un livre *nm* book
une livre *nf* pound (in weight; sterling)
localement *adv* locally
un logement *nm* accommodation
loger *v* to accommodate
loin *adv* far
lointain *adj* far away
les loisirs *nmpl* leisure
Londres London
louer *v* to hire; to rent
j'ai lu I have read; I read
lui him
lundi Monday
les lunettes *nfpl* glasses
un lycée *nm* high school
un(e) lycéen(ne) *nm* high school student

M

ma my
mâcher *v* to chew
un magasin *nm* shop
magnifique *adj* magnificient
mai May
une main *nf* hand
maintenant *adv* now
une mairie *nf* town hall
mais but
une maison *nf* house
mal *adv* badly
malade *adj* ill
malheureusement *adv* unfortunately
la Manche the Channel
manger *v* to eat
une manifestation *nf* demonstration; activity
un mannequin *nm* model
manquer *v* to miss
un manteau *nm* coat
le maquillage *nm* make up
se maquiller* to put on make up
marcher *v* to walk; to work
un marché *nm* market
mardi Tuesday
un mari *nm* husband
marié/mariée *adj* married
une marque *nf* trademark
marrant/marrante *adj* funny
pas marrant boring
marron *adj* brown
mars March
le matériel *nm* equipment
une matière *nf* school subject
le matin *nm* morning

la matinée *nf* morning
mauvais/mauvaise *adj* bad
un mec *nm* guy (slang)
un médecin *nm* doctor
une médiathèque *nf* multimedia library
meilleur/meilleure *adj* better; the best
un mélange *nm* mixture
même *adj* same
la mémoire *nf* memory
le ménage *nm* housework
faire le ménage to do the housework
ménager/ménagère *adj* household
une tâche ménagère household chore
mentir *v* to lie
la menthe *nf* mint
la mer *nf* sea
merci thank you
mercredi Wednesday
la mère *nf* mother
mes my
un métier *nm* job
mettre *v* to put; to put on
midi midday
le mien/la mienne mine
mieux *adv* better
le mieux the best
mignon/mignonne *adj* cute
le milieu *nm* middle
mince *adj* slim
une minijupe *nf* miniskirt
une mobylette *nf* moped
moche *adj* ugly
moi me
moins less
un mois *nm* month
une moitié *nf* half
mon my
le monde *nm* world
la monnaie *nf* currency; change
la montagne *nf* mountain
monter* *v* to climb up
une montre *nf* watch
montrer *v* to show
se moquer* *v* to mock
une moquette *nf* carpet
un morceau *nm* bit, chunk
mort/morte *adj* dead
une mosquée *nf* mosque
un mot *nm* word
une mouche *nf* fly
mourir* *v* to die
moyen/moyenne *adj* average
un mur *nm* wall
un musée *nm* museum

N

nager *v* to swim
naître* *v* to be born
la natation *nf* swimming
ne ... pas not
né/née born
la neige *nf* snow
nettoyer *v* to clean
neuf/neuve *adj* new
un neveu *nm* nephew
un nez *nm* nose
ni ... ni neither ... nor
une nièce *nf* niece
un niveau *nm* level
Noël Christmas
noir/noire *adj* black
un nom *nm* name; noun
un nombre *nm* number
non no
le nord *nm* North
normalement *adv* normally
nos our
noter *v* to note down; to mark
notre our
nous we; us
nouveau/nouvelle *adj* new
un nuage *nm* cloud
la nuit *nf* night
nul/nulle *adj* rubbish
un numéro *nm* number

O

obéir *v* to obey
obtenir *v* to obtain
octobre October
un oculiste *nm* eye specialist
un œil *nm* eye
des yeux eyes
un œuf *nm* egg
offrir *v* to offer; give as a gift
un oignon *nm* onion
on we; one; people
un oncle *nm* uncle
ils/elles ont they have
onze eleven
un orage *nm* storm
orageux *adj* stormy
un ordinateur *nm* computer
une ordonnance *nf* prescription
une oreille *nf* ear
ou or
où where
oublier *v* to forget
l' ouest *nm* West
oui yes
ouvert *adj* open
l' ouverture *nf* opening
un ouvrier/une ouvrière worker
ouvrir *v* to open

Vocabulaire

P

la pagaille *nf* mess, chaos
le pain *nm* bread
une panne *nf* breakdown
un panneau *nm* signpost
un pantalon *nm* trousers
le papier *nm* paper
un paquet *nm* packet
par by
le parapente *nm* paragliding
un parapluie *nm* umbrella
parce que because
paresseux/paresseuse *adj* lazy
parfois *adv* sometimes
un parking *nm* car park
parler *v* to speak, to talk
une part *nf* bit, slice
partager *v* to share
partir* *v* to leave
partout *adv* everywhere
le passé *nm* past
passionnant/passionnante *adj* fascinating
les pâtes *pl* pasta
une patinoire *nf* skating rink
une pâtisserie *nf* cake shop
payer *v* to pay
un pays *nm* country
un paysage *nm* landscape
la peau *nf* skin
la pêche *nf* peach; fishing
pendant during, while
pénible *adj* irritating
penser *v* to think
la pension *nf* full-board; boarding school
un/une pensionnaire *nm/f* boarder
perdu(e) lost
un père *nm* father
permis *adj* allowed
une perruche *nf* budgie
un personnage *nm* character
personne nobody
peser *v* to weigh
petit/petite *adj* small
peu little, few
un peuple *nm* people
la peur *nf* fright
j'ai peur I'm afraid
il/elle/on peut he/she/we can
je/tu peux I/you can
une phrase *nf* sentence
la physique *nf* physics
une pièce *nf* room; coin; play
un pied *nm* foot
à pied on foot
pire worse
une piscine *nf* swimming pool
pittoresque *adj* picturesque
une place *nf* square

une plage *nf* beach
se plaindre* to complain
un plan *nm* map
une planche *nf* plank
un plancher *nm* floor
un plat *nm* dish
plat/plate *adj* flat
un plateau *nm* tray
plein many, plenty
le plein full tank
pleurer *v* to cry
pleuvoir *v* to rain
un plongeur/une plongeuse diver; dishwasher
la pluie *nf* rain
plusieurs several
plutôt rather
pluvieux *adj* rainy
un pneu *nm* tyre
une poche *nf* pocket
une pointure *nf* shoe size
une poire *nf* pear
un petit pois *nm* pea
un poisson *nm* fish
une poissonnerie *nf* fishmonger's
poli *adj* polite
un policier *nm* police officer (male)
une policière police officer (female)
poliment *adv* politely
une pomme *nf* apple
ponctuellement *adv* punctually
un pont *nm* bridge
le porc *nm* pork
une porte *nf* door
un portefeuille *nm* wallet
porter *v* to wear; to carry
poser *v* to put
la poste *nf* post office
poster *v* to post
une poubelle *nf* bin
un poulet *nm* chicken
pour for
pourquoi why
pourtant yet
pouvoir *v* to be able to
premier/première first
prendre *v* to take
un prénom *nm* first name
près *adv* near
un présentateur *nm* presenter
presque almost
pressé/pressée *adj* in a hurry
prêt/prête *adj* ready
prêter *v* to lend
une preuve *nf* proof
le printemps *nm* spring
le prix *nm* price
prochain/prochaine *adj* next
une promenade *nf* outing, walk, drive
se promener* *v* to go for a walk

propre *adj* clean
un/une propriétaire *nm/f* owner
protéger *v* to protect
puis then

Q

un quai *nm* platform
quand when
quarante forty
un quart *nm* quarter
quatorze fourteen
quatre four
quatrième fourth
que that
quel/quelle which
quelques some
quelqu'un somebody
quinze fifteen
quitter to leave
quoi what
quotidien *adj* daily

R

raconter *v* to tell
raide *adj* straight (hair)
raisonnable *adj* reasonable
ranger *v* to tidy up
râper *v* to grate
des carottes râpées grated carrots
rapide *adj* quick, fast
rapidement *adv* quickly
rarement *adv* rarely
ravi(e) *adj* pleased
un rayon *nm* department (in a store)
un réalisateur *nm* film director
récemment *adv* recently
rechercher *v* to look for
une récréation *nf* breaktime
une rédaction *nf* essay
redoubler *v* to do the same year twice (at school)
une réduction *nf* discount
réécouter *v* to listen again
refaire *v* to redo
réfléchir *v* to think, reflect
un refrain *nm* chorus
regarder *v* to look for
un regard *nm* look
un régime *nm* diet
régulièrement *adv* regularly
une reine *nm* queen
relier *v* to match up
relire *v* to read again
se remarier* *v* to marry again
rembourser *v* to refund
remercier *v* to thank
des remparts *mpl* city walls
remplir *v* to fill up
se rencontrer* *v* to meet

les renseignements *mpl* information
la rentrée *nf* first day back at school
rentrer* *v* to go back
un repas *nm* meal
le repassage *nm* ironing
un répondeur *nm* answerphone
répondre *v* to answer
une réponse *nf* answer
se reposer* *v* to rest
réserver *v* to reserve, to book
rester* *v* to stay
le retard *nm* delay
en retard late
le retour *nm* return
retourner* *v* to return
la retraite *nf* pension
en retraite retired
se retrouver* *v* to meet up
réussir *v* to be successful
rêvasser *v* to daydream
un rêve *nm* dream
un réveil *nm* alarm clock
se réveiller* *v* to wake up
rêver *v* to dream
revoir *v* to see again
au revoir good bye, see you
le rez-de-chaussée *nm* ground floor
un rhume *nm* cold
ridicule *adj* ridiculous
rien nothing
rigolo *adj* funny
une rime *nf* rhyme
le riz *nm* rice
une robe *nf* dress
rocheux/rocheuse *adj* rocky
romain(e) *adj* Roman
un rôti *nm* roast
rouge *adj* red
une roulette *nf* small wheel
une route *nf* road
routier/routière *adj* road
la gare routière bus station
roux/rousse *adj* red-haired
une rue *nf* street

S

sa his, her
un sac *nm* bag
je/tu sais *v* I/you know
une saison *nf* season
saisonnier *adj* seasonal
il/elle/on sait *v* he/she/one knows
un salaire *nm* salary
sale *adj* dirty
salé(e) *adj* salty
une salle *nf* room, hall
une salle à manger dining room
une salle de bains bathroom
une salle de classe classroom
un salon *nm* sitting room

deux cent vingt-trois **223**

salut! hi!

samedi Saturday

sans without

la santé nf health

en bonne santé healthy

satisfait(e) adj satisfied

une saucisse nf sausage

un saucisson nm dry sausage

sauf except

un saumon nm salmon

un sauvetage nm rescue

savoir v to know

une scène nf scene; stage

un schéma nm sketch

scolaire adj school

une séance nf showing

sec/sèche adj dry

sécher v to dry

secondaire adj secondary

un secours nm help

au secours! help!

un/une secrétaire nm/f secretary

secrètement adv secretly

seize sixteen

un séjour nm stay

séjourner v to stay

le sel nm salt

une semaine nf week

un sens nm meaning

sensible adj sensitive

sept seven

septembre September

je serai I will be

sérieux/sérieuse adj serious

un serveur nm waiter

une serveuse nf waitress

une serviette nf towel

servir v to serve

ses his/her

seul/seule adj alone

seulement adv only

sévère adj strict

un short nm a pair of shorts

si if

sixième sixth

une sœur nf sister

soi self

la soif thirst

j'ai soif I'm thirsty

soigner v to cure, look after

le soir nm evening

soixante sixty

le sol nm ground

le sous-sol basement

le soleil nm sun

le sommeil nm sleep

nous sommes we are

son his, her

un sondage nm survey

ils/elles sont they are

une sortie nf exit

sortir* v to go out

souhaiter v to wish

souligner v to underline

soupçonner v to suspect

souriant(e) adj smiling

sous under

souvent adv often

un spationaute nm astronaut

un spectacle nm show

un stade nm stadium

un stage nm training

un stage en entreprise work experience

le sucre nm sugar

sucré(e) adj sweet

le sud nm South

je suis I am

la Suisse Switzerland

suivant/suivante adj following

suivre v to follow

le sujet nm subject

un supermarché nm supermarket

sur on, on top of

sûr/sûre adj sure

bien sûr of course

surtout above all, especially

sympathique nice

un syndicat nm union

un syndicat-d'initiative tourist office

ta your

le tabac nm tobacco

un tableau nm board

une tache nf stain

une tâche nf task

les tâches ménagères housework

la taille nf size

tandis que whilst

tant so; so much

une tante nf aunt

taper to tap, bang

tard adv late

une tartine nf slice of bread and butter

une tasse nf cup

le taux de change nm exchange rate

le temps nm weather; time; tense of a verb

une tenue nf outfit

la terminale nf Year 13/Upper Sixth

terminer v to finish

la tête nf head

têtu/têtue adj stubborn

le thon nm tuna fish

un timbre nm stamp

timide adj shy

un titre nm title

toi you

les toilettes nfpl toilet

tomber* v to fall

ton your

tôt early

toujours always

un tournoi nm tournament

tout/toute/tous/toutes all

un traducteur nm translator

traduire v to translate

une tranche nf slice

le travail nm work; job

travailler v to work

travailleur/travailleuse adj hard working

à travers through

traverser v to cross

treize thirteen

trente thirty

très adv very

tricher v to cheat

le tricot nm knitting

triste adj sad

trois three

troisième third

trop adv too much, too many

le trottoir nm pavement

trouver v to find

tu you (to a friend or close relative)

un/une a

une usine nf factory

utile adj useful

utiliser v to use

il/elle/on va he/she/one goes/is going

les vacances nfpl holidays

je vais I go/am going

la vaisselle nf washing up

une valise nf suitcase

la vanille nf vanilla

les variétés nfpl pop music programme

tu vas you go/are going

une vedette nf star

un vélo nm bike

le velours nm velvet

un vendeur nm salesman

une vendeuse nf saleswoman

vendre v to sell

vendredi Friday

venir* v to come

le vent nm wind

la vente nf sale

le ventre nm stomach

vérifier v to check

la vérité nf truth

le verre nm glass

vers towards; at about

verser v to pour

vert/verte adj green

une veste nf jacket

les vêtements nmpl clothes

Veuillez agréer l'expression de mes meilleurs sentiments Yours sincerely

ils/elles veulent they want

il/elle/on veut he/she/one wants

je/tu veux I/you want

vexer v to uspet

VF (Version Française) dubbed into French

la viande nf meat

la vie nf life

ils/elles viennent they come/are coming

je/tu viens I/you come/I am/You are coming

il/elle/on vient he/she/one comes/is coming

vieux/vieille adj old

une ville nf town, city

le vin nm wine

vingt twenty

violet/violette adj purple

vite adj/adv fast, quick; quickly

vivre v to live

VO (version originale) subtitled

voici here is/are

voilà there you are

la voile nf sailing

voir v to see

une voiture nf car

un vol nm theft; flight

voler v to steal; to fly

un voleur nm thief

vomir v to vomit

ils/elles vont they go/are going

vos your

votre your

le/le/les vôtres yours

je/tu voudrais I/you would like

vous voulez you want

vouloir v to want

nous voulons we want

vous you (to an adult or several people)

un voyageur nm traveller

vrai adj true

vraiment adv really

j'ai vu I've seen

la vue nf view

un yaourt nm yoghurt

les yeux nmpl eyes